In der Gegenwart Gottes

Communauté von Taizé

# In der Gegenwart Gottes

## Bibelmeditationen

HERDER

FREIBURG · BASEL · WIEN

Übersetzung aus dem Französischen:
*Communauté von Taizé*

Die Bibeltexte sind entnommen aus:
*Einheitsübersetzung der Heiligen Schrift,*
*vollständig durchgesehene und überarbeitete Ausgabe,*


FSC
www.fsc.org
MIX
Papier aus verantwortungsvollen Quellen
FSC® C014496


www.herder.de

Umschlagmotiv: Sabine Leutenegger, © Ateliers et Presses de Taizé
Gesamtgestaltung: wunderlichundweigand
Satz: Barbara Herrmann, Freiburg
Herstellung: GGP Media GmbH, Pößneck

Printed in Germany

ISBN 978-3-451-38451-6

# Inhalt

# Vorwort

Bei den Treffen in Taizé nimmt die Betrachtung des Wortes Gottes einen breiten Raum ein. Dabei geht es nicht so sehr um Wissensvermittlung, sondern vielmehr darum, in Stille und Austausch den Ruf Gottes zu hören und mit der Stimme dessen vertraut zu werden, den unser Herz kennt (vgl. Johannes 10,3–5). Aber wie ist es möglich, auch mitten im Alltag die Stimme Christi zu vernehmen? Dazu brauchen wir Momente der Stille, um in der Bibel zu lesen – und wir brauchen den Austausch, um voneinander zu hören und einander mitzuteilen, was wir erfahren und verstanden haben. Denn niemand kann für sich allein die Fülle des Geheimnisses Christi erfassen.

So ist die Idee entstanden, sich gelegentlich eine oder zwei Stunden freizuhalten und in einer Kirche oder bei sich zu Hause in Stille – zum Beispiel vor einer Ikone – einen Text aus der Heiligen Schrift zu betrachten. Es ist auch möglich, dazu in die Natur zu gehen. Für den anschließenden Austausch mit anderen gibt es verschiedene Möglichkeiten: Entweder man trifft sich am späten Nachmittag, um den Text gemeinsam zu lesen, bevor sich jeder in Stille zurückzieht und danach alle zu einem kurzen Gespräch und einem gemeinsamen Gebet wieder zusammenkommen. Oder man vereinbart einen Tag, an dem jeder für sich in Stille über den ausgewählten Text meditiert, und trifft sich am Abend in der Kirchengemeinde oder bei einem der Teilnehmer zum Austausch und zum Gebet. Eine dritte Möglichkeit wäre, dass jeder den Text liest, ihn über einige Wochen immer wieder betrachtet und sich am Ende alle zum Gespräch treffen.

Wesentlich ist das Ineinander von Stille und Austausch: Das Wort Gottes berührt uns und es stiftet Gemeinschaft. In der Stille und im Gespräch mit anderen kann es seine Botschaft entfalten. Johannes schreibt: „Was wir gesehen und gehört haben, das verkünden wir euch, (...) damit unsere Freude vollkommen ist." (1 Johannes 1,3–4) Dabei ist es wichtig, sich nicht aufzudrängen oder die anderen zu belasten. Man könnte in etwa folgendermaßen sagen: „Ich will den anderen erzählen, was ich von Christus gehört und verstanden habe; ihnen ganz einfach mitteilen, was auch sie froh machen kann."

Über das Wort Gottes wird viel gesprochen – damals wie heute. Um in ihm jedoch die Stimme Christi zu vernehmen und sein Wort für uns zur Nahrung werden zu lassen, müssen wir erkennen, was das Grundanliegen des Evangelisten Johannes war: Christus ist seit Ewigkeit das eine Wort Gottes. Er umfasst, deutet und erhellt all die vielen biblischen Texte (vgl. Johannes 1,1.9). Bereits ein gutes Jahrhundert nach den Aposteln, als Auseinandersetzungen über die Bibel das einfache Vertrauen auf Gott zu untergraben drohten, schrieb Irenäus von Lyon, der in Kleinasien selbst noch einen Schüler des Johannes persönlich kennengelernt hatte: „Durch die Vielstimmigkeit der Texte erklingt eine einzige harmonische Melodie in uns, die Gott, der alles geschaffen hat, besingt." (Irenäus, Adv. Haer. 2, 28, 3) – Mögen wir beim Lesen der Bibel diese harmonische Melodie vernehmen, die nichts anderes ist als die Stimme der Liebe Christi. Selig sind wir, wenn wir das Wort Gottes, unsere „Hoffnung und Freude", in der Stille unseres Herzens hören und aus ihm leben.

Jeder der 39 Abschnitte dieses Buches bietet Elemente für eine solche Zeit der stillen Betrachtung: einen Bibeltext mit Kommentar und einigen weiterführenden Fragen, die von Brüdern der Communauté zusammengestellt wurden und helfen können, den Text für das eigene Leben zu erschließen.

## Wir haben seine Herrlichkeit geschaut

Johannes 1,14–18

*Und das Wort ist Fleisch geworden und hat unter uns gewohnt und wir haben seine Herrlichkeit geschaut, die Herrlichkeit des einzigen Sohnes vom Vater, voll Gnade und Wahrheit. Johannes legt Zeugnis für ihn ab und ruft: „Dieser war es, über den ich gesagt habe: ‚Er, der nach mir kommt, ist mir voraus, weil er vor mir war.' Aus seiner Fülle haben wir alle empfangen, Gnade über Gnade. Denn das Gesetz wurde durch Mose gegeben, die Gnade und die Wahrheit kamen durch Jesus Christus. Niemand hat Gott je gesehen. Der Einzige, der Gott ist und am Herzen des Vaters ruht, er hat Kunde gebracht."* ■

In manchen Kirchen ist es üblich, sich zu verneigen, wenn im Glaubensbekenntnis die Worte gesprochen werden: „Für uns Menschen und zu unserem Heil ist er vom Himmel gekommen, hat Fleisch angenommen durch den Heiligen Geist von der Jungfrau Maria und ist Mensch geworden." Diese Geste drückt unser Staunen vor dem Geheimnis der Menschwerdung Gottes aus. Wenn Gott nicht Mensch geworden wäre und in Jesus, seinem Sohn, nicht unter uns gelebt hätte, gäbe es das Evangelium nicht. Die Menschwerdung ist der Dreh- und Angelpunkt der Heilsgeschichte.

In Jesus hat Gott unter uns gelebt. Die Worte des Glaubensbekenntnisses gehen auf Johannes 1,14 zurück: „Das Wort ist Fleisch geworden und hat unter uns gewohnt." Die Geburt Jesu ist mehr als das, was wir in der Weihnachtskrippe sehen. Wir müssen uns fragen, was es wirklich bedeutet, dass Gott die Gestalt eines Menschen angenommen hat und in allem uns gleich geworden ist.

Johannes schreibt in Vers 18: „Niemand hat Gott je gesehen. Der Einzige, der Gott ist und am Herzen des Vaters ruht, er hat Kunde gebracht." Frère Roger sagte manchmal, dass Gott keinen anderen Weg mehr sah, seine Liebe zu den Menschen zum Ausdruck zu bringen, als seinen Sohn zu senden, damit in ihm alle Menschen Versöhnung mit Gott finden. Gott kümmert sich um uns. Er hat die Initiative ergriffen und ist Mensch geworden, um unter uns zu wohnen.

Was bedeutet das? Es gibt im menschlichen Leben nichts, was die Gnade Gottes nicht erreichen würde. Es gibt keinen Menschen, in dessen Herz das Samenkorn der Liebe Gottes nicht aufgehen könnte, und es gibt keine Dunkelheit, die das Licht Gottes auslöschen kann. Weil das „Wort Fleisch geworden" ist, ist nichts in uns von der Liebe Gottes ausgeschlossen. Alles Zerbrochene in uns kann Heilung finden, denn der Sohn Gottes ist Mensch geworden und hat unsere Not geteilt.

Jetzt sehen wir uns selbst und die Menschen um uns herum mit anderen Augen. Die Tatsache, dass „das Wort Fleisch geworden" ist, schenkt dem menschlichen Leben Hoffnung. Und wir verstehen, wie demütig Gott unter uns gelebt hat. Im griechischen Text heißt es wörtlich übersetzt: „Das Wort ist Fleisch geworden und hat sein Zelt unter uns aufgeschlagen." Der, von dem es heißt, dass er bereits vor Johannes dem Täufer da war, ein Pilger durch die Geschichte der Menschheit, wird zu einem Pilger in unserer Geschichte.

Wenn Johannes sagt: „Wir haben seine Herrlichkeit gesehen, die Herrlichkeit des einzigen Sohnes vom Vater, voll Gnade und Wahrheit", dann spricht er bereits als Zeuge der Auferstehung. Aber dieses „wir" schließt auch alle mit ein, die nach ihm kommen, alle – wie er am Ende seines Evangeliums sagt –, die glauben ohne zu sehen und dem Wort der Augenzeugen von Jesu Auferstehung vertrauen.

Die göttliche Herrlichkeit ist „voll Gnade und Wahrheit". Gnade – im Sinn von unentgeltlich geschenkter Liebe; Wahrheit – nicht im moralischen Sinn, sondern als eine verlässliche, solide Wirklichkeit, die ewig gilt und die in Jesus zum Ausdruck kommt, dem wir im Evangelium begegnen. Uns ist ein Leben in Fülle geschenkt, und Gott behält nichts für sich zurück. Die Menschwerdung Gottes zeigt, dass alles ein unentgeltliches Geschenk ist, das wir immer wieder neu entgegennehmen können. „Gnade über Gnade", schreibt Johannes, was man wörtlich folgendermaßen übersetzen könnte: „Ein Segen nach dem anderen". Nichts kann dem Geschenk Gottes in unserem Leben Grenzen setzen, denn das „Wort ist Fleisch geworden".

- Habe ich schon einmal etwas von dieser Herrlichkeit gesehen, die Johannes beschreibt? Was fasziniert mich an Jesus besonders? Was offenbart er von Gott?
- Wie können wir in unserem Alltag Zeugnis für die „Gnade und Wahrheit“ ablegen, die diese Herrlichkeit offenbart – mit anderen Worten – für dieses Leben in Fülle, zu dem wir in Jesus Zugang haben?

## Rivalität zwischen Brüdern

Genesis 25,20–34

*Isaak war vierzig Jahre alt, als er sich Rebekka zur Frau nahm. Sie war die Tochter des Aramäers Betuël aus Paddan-Aram, eine Schwester des Aramäers Laban. Isaak betete zum Herrn für seine Frau, denn sie war kinderlos geblieben, und der Herr ließ sich von ihm erbitten. Als seine Frau Rebekka schwanger war, stießen die Söhne einander im Mutterleib. Da sagte sie: „Wenn das so ist, was soll dann aus mir werden?" Sie ging, um den Herrn zu befragen: „Zwei Völker sind in deinem Leib, zwei Stämme trennen sich schon in deinem Schoß. Ein Stamm ist dem andern überlegen, der ältere muss dem jüngeren dienen." Als die Zeit ihrer Niederkunft gekommen war, siehe, da waren Zwillinge in ihrem Schoß. Der Erste, der hervorkam, war rötlich, über und über mit Haaren bedeckt wie mit einem Mantel. Sie gaben ihm den Namen Esau. Darauf kam sein Bruder hervor; seine Hand hielt die Ferse Esaus fest. Man gab ihm den Namen Jakob, Fersenhalter. Isaak war sechzig Jahre alt, als sie geboren wurden.*

*Die Knaben wuchsen heran. Esau wurde ein Mann, der sich auf die Jagd verstand, ein Mann des freien Feldes. Jakob war ein Mann ohne Fehl und blieb bei den Zelten. Isaak liebte Esau; denn er aß gern Wildbret. Rebekka aber liebte Jakob. Einst kochte Jakob ein Gericht. Da kam Esau vom Feld; er war erschöpft. Esau sagte zu Jakob: „Lass mich doch schnell essen von dem Roten, von dem Roten da, denn ich bin er-*

*schöpft!" Deshalb gab man ihm den Namen Edom, Roter. Jakob aber sagte: „Verkauf mir zuvor dein Erstgeburtsrecht!" Esau sagte: „Siehe, ich sterbe vor Hunger. Was soll mir da das Erstgeburtsrecht?" Jakob aber sagte: „Schwöre mir zuvor!" Da schwor er ihm und verkaufte sein Erstgeburtsrecht an Jakob. Darauf gab Jakob dem Esau Brot und das Linsengericht; er aß und trank, stand auf und ging seines Weges. Vom Erstgeburtsrecht aber hielt Esau nichts.* ■

Der Gott der Bibel ist ein Gott, der die Menschen zu einem Leben in Fülle führen will, ohne ihnen die Freiheit zu nehmen. Aber da wir mit anderen zusammenleben, ist nicht immer klar, wie man mit seiner Freiheit richtig umgeht. Im Buch Genesis, dem ersten Buch der Bibel, wird das Thema des gemeinsamen Lebens anhand der Geschichten von Geschwistern behandelt: Kain und Abel, Ismael und Isaak, Esau und Jakob, Lea und Rahel und schließlich Josef und seine Brüder. Diese Erzählungen helfen uns, über das Zusammenleben von Menschen nachzudenken, die sich ähneln, aber doch verschieden und bisweilen eifersüchtig aufeinander sind.

Die Geschichte der Brüder Jakob und Esau ist diesbezüglich besonders ausdrucksstark. Gott erhört nach langen Jahren einer kinderlosen Ehe Isaaks Gebet und schenkt seiner Frau Rebekka Kinder. Doch mit diesen entstehen auch Probleme. Statt einem friedlich dahinfließenden Fluss gleicht das neue Leben in ihr einem Strudel, der Rebekka zur Verzweiflung bringt. Als sie ihre Sorgen im Gebet vor Gott bringt, erhält sie als Antwort nur ein rätselhaftes Versprechen: Sie werde zwei Söhne zur Welt bringen, aus denen zwei Völker hervorgehen, von denen das Größere am Ende dem Kleineren dienen wird.

Hier sehen wir die Geschichte der Menschheit aus dem Blickwinkel der Rivalität zusammengefasst. Bereits bei ihrer Geburt scheint der jüngere Bruder den Älteren überholen zu wollen und hält ihn an der Ferse fest. Wie ein Wortspiel steckt im Namen „Jakob" das Wort „Ferse". Die weitere Erzählung betont die Unterschiedlichkeit der Brüder – der eine ist ein Mann der Tat, dynamisch, immer im Freien und der Liebling seines Vaters; der andere eher ein Denker, introvertiert, immer zuhause und der Liebling seiner Mutter.

Die göttliche Verheißung bringt aber eine unerwartete Wendung mit sich: Der Größere wird dem Kleineren dienen. Dieser Gedanke zieht sich wie ein roter Faden durch die jüdischen und christlichen Schriften: Gottes Kommen in die Welt kehrt die menschlichen Werte um: Abel (Genesis 4), Isaak (Genesis 21), Josef (Genesis 37ff.) und David (1 Samuel 16) werden von Gott, entgegen den Regeln der Gesellschaft, bevorzugt. Mit Jesus erreicht dieses Thema seinen Höhepunkt; in ihm, gemäß dem Gesang seiner Mutter, „stürzt (Gott) die Mächtigen vom Thron und erhöht die Niedrigen" (Lukas 1,52). Das setzt sich in der Geschichte der Kirche fort, in der Gott „das Törichte in der Welt erwählt hat, um die Weisen zuschanden zu machen, und das Schwache in der Welt erwählt hat, um das Starke zuschanden zu machen", wie Paulus im ersten Korintherbrief (1,27) schreibt. Das „Recht des Stärkeren" gilt also nicht mehr uneingeschränkt; ein Raum für Versöhnung und Solidarität entsteht.

Allerdings ist diese Geschichte nicht eindeutig: Obwohl Esau seinem Bruder körperlich überlegen ist, ist Jakob klüger und auf seinen langfristigen Erfolg bedacht. Der biblische Autor hat offensichtlich wenig Sympathie für den älteren Bruder, der nur an sein augenblickliches Wohlergehen denkt und sich nicht um wichtigere Fragen kümmert. Trotzdem ist Jakobs Erfolg nur flüchtig. Esau wird Rache nehmen, und Jakob wird sein ganzes Leben brauchen, bis eine Versöhnung und die Erfüllung der göttlichen Verheißung möglich wird.

→ Welche der beiden Personen spricht mich eher an? Warum?
→ Sind Eifersucht und Rivalität im Leben unvermeidlich? Was schlägt die Schrift vor, um ihnen zu entgehen?
→ Kenne ich Beispiele, wo Gott die Niedrigen erhöht hat und wo menschliche Kraft und Intelligenz nicht das letzte Wort hatten?
→ Können wir mit Menschen zusammenleben, die ganz anders sind als wir? Wodurch wird dies ermöglicht?

## Seid heilig, denn Gott ist heilig

Levitikus 19

*Der Herr sprach zu Mose: „Rede zur ganzen Gemeinde der Israeliten und sag zu ihnen: ‚Seid heilig, denn ich, der Herr, euer Gott, bin heilig. Jeder von euch soll Mutter und Vater fürchten und auf meine Sabbate achten; ich bin der Herr, euer Gott. Ihr sollt euch nicht anderen Göttern zuwenden und euch nicht Götterbilder aus Metall gießen; ich bin der Herr, euer Gott. Wenn ihr für den Herrn ein Heilsopfer schlachtet, opfert es so, dass ihr Wohlgefallen vor Gott findet. An dem Tag, an dem ihr es schlachtet, und am folgenden Tag soll es gegessen werden; was davon am dritten Tag noch übrig ist, soll im Feuer verbrannt werden. Isst man davon am dritten Tag, so ist es verfallen und findet kein Wohlgefallen mehr. Wer davon isst, muss die Folgen seiner Schuld tragen; denn er hat die Heiligkeit des Herrn entweiht. Diese Person wird aus ihrer Geschlechterfolge ausgemerzt werden. Wenn ihr die Ernte eures Landes einbringt, sollst du das Feld nicht bis zum äußersten Rand abernten. Du sollst keine Nachlese von deiner Ernte halten. In deinem Weinberg sollst du keine Nachlese halten und die abgefallenen Beeren nicht einsammeln. Du sollst sie dem Armen und dem Fremden überlassen. Ich bin der Herr, euer Gott.*

*Ihr sollt nicht stehlen, nicht täuschen und einander nicht betrügen. Ihr sollt nicht falsch bei meinem Namen schwören; du würdest sonst den Namen deines Gottes entweihen. Ich bin der Herr. Du sollst deinen Nächsten nicht ausbeuten und ihn nicht um das Seine bringen. Der Lohn des Tagelöhners soll nicht über Nacht bis zum Morgen bei dir bleiben. Du sollst einen Tauben nicht verfluchen und einem Blinden kein Hindernis in den Weg stellen; vielmehr sollst du deinen Gott fürchten. Ich bin der Herr. Ihr sollt beim Rechtsentscheid kein Unrecht begehen. Du sollst weder für einen Geringen noch für einen Großen Partei nehmen; gerecht sollst du deinen Mitbürger richten. Du sollst deinen Mitbürger nicht verleumden und dich nicht hinstellen und das Blut deines Nächsten fordern. Ich bin der Herr. Du sollst in deinem Herzen keinen Hass gegen deinen Bruder tragen. Weise deinen Mitbürger zurecht, so wirst du seinetwegen keine Sünde auf dich laden. An den Kindern deines Volkes sollst du dich nicht rächen und ihnen nichts nachtragen. Du sollst deinen Nächsten lieben wie dich selbst. Ich bin der Herr.*

*Ihr sollt meine Satzungen bewahren: Unter deinem Vieh sollst du nicht zwei Tiere verschiedener Art sich begatten lassen. Dein Feld sollst du nicht mit zweierlei Arten besäen. Du sollst kein aus zweierlei Fäden gewebtes Kleid anlegen. Wohnt ein Mann einer Frau bei, die einem andern Mann als Sklavin zur Nebenfrau bestimmt ist und die weder losgekauft noch freigelassen ist, dann sollen die Ansprüche untersucht werden; sterben sollen sie nicht, da sie nicht freigelassen war. Er soll als sein Schuldopfer für den Herrn einen Widder zum Eingang des Offenbarungszeltes bringen. Mit diesem Widder soll der Priester für ihn vor dem Herrn von der begangenen Sünde Versöhnung erwirken; so wird ihm die Sünde, die er begangen hat, vergeben. Wenn ihr in das Land kommt und einen Fruchtbaum pflanzt, sollt ihr seine Früchte behandeln, als ob sie seine Vorhaut wären. Drei Jahre lang sollen sie für euch etwas Unbeschnittenes sein. Sie sind nicht zum Essen bestimmt. Im vierten Jahr sollen alle Früchte als Festgabe für den Herrn geheiligt sein. Erst im fünften Jahr dürft ihr die Früchte essen und den Ertrag für euch ernten. Ich bin der Herr, euer Gott.*

*Ihr sollt nichts mit Blut essen. Wahrsagerei und Hellseherei sollt ihr nicht treiben. Ihr sollt euer Kopfhaar nicht rundum abschneiden. Du sollst deinen Bart nicht stutzen. Für einen Toten dürft ihr keine Einschnitte auf eurem Körper anbringen und ihr dürft euch keine Zeichen einritzen lassen. Ich bin der Herr. Entweih nicht deine Tochter, indem du sie als Hure preisgibst, damit das Land nicht der Hurerei verfällt und voller Blutschande wird! Ihr sollt auf meine Sabbate achten und mein Heiligtum fürchten. Ich bin der Herr. Wendet euch nicht an die Totenbeschwörer und sucht nicht die Wahrsager auf; sie verunreinigen euch. Ich bin der Herr, euer Gott.*

*Du sollst vor grauem Haar aufstehen, das Ansehen eines Greises ehren und deinen Gott fürchten. Ich bin der Herr. Wenn bei dir ein Fremder in eurem Land lebt, sollt ihr ihn nicht unterdrücken. Der Fremde, der sich bei euch aufhält, soll euch wie ein Einheimischer gelten und du sollst ihn lieben wie dich selbst; denn ihr seid selbst Fremde in Ägypten gewesen. Ich bin der Herr, euer Gott. Ihr sollt kein Unrecht begehen beim Rechtsentscheid, mit Längenmaß, Gewicht und Hohlmaß. Eure Waagen müssen stimmen, eure Gewichtsteine, euer Efa und euer Hin müssen stimmen. Ich bin der Herr, euer Gott, der euch aus Ägypten geführt hat. Ihr sollt alle meine Satzungen und alle meine Rechtsentscheide bewahren und sie befolgen. Ich bin der Herr.'“* ■

„Seid heilig, denn ich, der Herr, euer Gott, bin heilig.“ Diese Worte aus dem Buch Levitikus gehören zu den eindringlichsten Aufforderungen in der Bibel. Gott möchte, dass Mose diese Worte nicht nur einem kleinen Kreis von Auserwählten mitteilt, sondern sie dem ganzen Volk Israel vorlegt.

Welche Heiligkeit ist gemeint? Wir sind nicht aufgefordert, heilig zu sein *wie* Gott, sondern *weil* Gott heilig ist. Gott ist und bleibt von uns verschieden, er ist anders als wir.

Das Wort „Heiligkeit“ hat in der hebräischen Bibel verschiedene Bedeutungsnuancen. An mehreren Stellen wird das Volk Gottes bereits deshalb heilig genannt, weil Gott es auserwählt hat. Wenn Gott die Glaubenden führt und zu seinem Volk macht, haben sie an Gottes Wesen Anteil und sind damit bereits heilig. Heiligkeit in diesem Sinn bedeutet eine Richtungsänderung und Neuorientierung. Sie besteht darin, sich zusammen mit anderen von Gott führen zu lassen und sich mit ihm auf einen neuen und unbekannten Weg zu begeben.

In Levitikus 19 erfahren wir, was Heiligkeit konkret bedeuten kann. Das Kapitel handelt von verschiedenen Aufgaben, die erfüllt werden müssen, so als ob Heiligkeit in unserem und durch unser Leben verwirklicht werden soll. Wir sollen hören und alle Bereiche des eigenen Lebens vom Wort Gottes durchdringen lassen. Es geht darum, die Gegenwart Gottes, seine Heiligkeit, in unserem Alltag erstrahlen zu lassen, damit sie uns von innen heraus verwandelt.

Die Liste der Gebote in diesem Kapitel ist lang. Einige davon klingen für uns heute recht eigenartig, andere sprechen uns unmittelbar an. Die Gebote betreffen zum einen den sakralen Bereich (Götzenbilder und Opfer), und zum anderen die Welt der Arbeit (Ernte und Lohn), zwischenmenschliche Beziehungen (Blinde, Taube und Arme) und die Welt der Gedanken und Gefühle (Hass und Rache). In regelmäßigen Abständen wird die Aufzählung von den Worten „Ich bin der Herr" unterbrochen.

Kaum erwähnt wird, welche Konsequenzen das Befolgen oder Nichtbefolgen der Gebote hat. Es heißt lediglich, dass Gott in den angesprochenen Situationen gegenwärtig ist. Wir sehen nach und nach eine tiefe Einheit entstehen. Es ist, als ob Heiligkeit vor allem darin besteht, unser Leben vor Gott zu einem Ganzen werden zu lassen. Es geht um unsere Beziehung zu Gott und zu den anderen: „Du sollst deinen Nächsten lieben wie dich selbst. Ich bin der Herr." (Levitikus 19,18) Gott spricht nicht nur von sichtbarem Tun (z. B. Betrug), sondern auch von Haltungen, die unsichtbar sind (z. B. einen Verwandten zu verachten).

Niemand kann zur Heiligkeit gezwungen werden. Sie besteht darin, sich von der Gegenwart Gottes in der Welt verwandeln zu lassen.

→ Welche Verse dieses Kapitels klingen auf besondere Weise in mir nach?
→ Welche sind besonders für unsere heutige Welt von Bedeutung? Welche gehören anscheinend in eine andere Zeit?
→ Welches Bild von Gott zeichnet das Kapitel als Ganzes?

## Dein Wort für mich und in mir

Deuteronomium 11,18–21

*Diese meine Worte sollt ihr auf euer Herz und auf eure Seele schreiben. Ihr sollt sie als Zeichen um das Handgelenk binden. Sie sollen zum Schmuck auf eurer Stirn werden. Ihr sollt sie eure Kinder lehren, indem ihr sie sprecht, wenn du zu Hause sitzt und wenn du auf der Straße gehst, wenn du dich schlafen legst und wenn du aufstehst. Du sollst sie auf die Türpfosten deines Hauses und in deine Stadttore schreiben. So sollen die Tage, die ihr und eure Kinder in dem Land lebt, von dem ihr wisst: Der Herr hat euren Vätern geschworen, es ihnen zu geben, so zahlreich werden wie die Tage, die der Himmel sich über der Erde wölbt.* ■

„Wort" ist einer der wichtigsten Begriffe des jüdischen Glaubens. Gott schafft durch sein Wort: „Durch das Wort des Herrn wurden die Himmel geschaffen, ihr ganzes Heer durch den Hauch seines Mundes. (...) Denn (der Herr) sprach und es geschah; er gebot und da stand es." (Psalm 33,6.9) Wenn Gott spricht, schafft er etwas Neues, Gott schenkt Leben, und das Leben wird durch die beiden Botschafter weitergegeben: „Wort" und „Atem", auf Hebräisch *davar* und *ruah*. Seine Worte bringen Leben, weil sie der Welt eine Ordnung verleihen und dafür sorgen, dass sie nicht in sich zusammenbricht. So wie die Konstanten in der Physik zusammenwirken, indem sich die verschiedenen Kräfte (Kernkraft, Gravitation ...) nicht gegenseitig aufheben, sondern ein Gleichgewicht schaffen, das für das Leben unverzichtbar ist, so sind auch die Worte des Herrn Gesetz und „gerade" (Psalm 19), um die Welt zu einem bewohnbaren Ort zu machen. Die „Zehn Gebote" heißen auf Hebräisch „Zehn Worte".

Uns an Gottes Wort zu halten, bedeutet, an seinem schöpferischen Willen teilzuhaben. Es bedeutet auch, die „großen Wunder" Gottes (Psalm 136), mit denen er in der Vergangenheit sein Volk aus der Sklaverei befreit hat, wiederzuentdecken. Und jetzt, da Israel am Ziel ist, erinnert das Buch Deuteronomium an die Erfahrungen auf dem Weg durch die Wüste, und ruft das Volk zu Demut und Wachsamkeit auf. „Erinnere dich, woher du kommst!", scheint einer der Grundgedanken des Buches zu sein: „Du bist, was du bist, nur weil Gott es dir gegeben hat." Ähnliche Worte gebraucht später Paulus: „Was hast du, das du nicht empfangen hättest? Wenn du es aber empfangen hast, warum rühmst du dich, als hättest du es nicht empfangen?" (1 Korinther 4,7)

Gottes Wort zu halten bedeutet demnach, uns zu erinnern, dass unser Leben ein Geschenk ist. Wir dürfen diese Großzügigkeit Gottes nie vergessen, darum soll sie auf Stirn, Arm, Herz, Seele und auf die Tür unseres Hauses geschrieben sein.

Ein gläubiger Jude ist umgeben von den Worten seines Schöpfers: sein Verstand (Stirn), seine Kraft (Arm), seine Gedanken (Herz), seine Persönlichkeit (Seele), seine Privatsphäre (Türen) sind von der Erinnerung an das Geschenk des Lebens umfangen. Paulus möchte das Gleiche sagen, wenn er die Jünger Jesu aufruft: „Zieht (als neues Gewand) den Herrn Jesus Christus an." (Römer 13,14) Jesus selbst ist das Wort, das in die Welt kommt (Johannes 1). Im Neuen Testament geht das Wort in die Gläubigen ein, damit Gott in ihnen wachsen kann: „Wenn ihr meine Gebote haltet, werdet ihr in meiner Liebe bleiben, so wie ich die Gebote meines Vaters gehalten habe und in seiner Liebe bleibe." (Johannes 15,10) Durch das Gebet soll Gott immer mehr zum *Gott in uns* werden, sein Ruf zum Leben soll in uns widerhallen. Wir wollen ihm Raum geben, damit er seine schöpferische und ordnende Macht in uns offenbaren kann.

→ Mich an das zu erinnern, was ich erhalten habe: Wo finde ich in meinem Leben diesen Aufruf, der das ganze Buch Deuteronomium durchzieht?
→ Durch welche konkreten Zeichen kann ich in meinem Alltag zum Ausdruck bringen, wie wichtig Gott ist?

## Gott zurückgeben, was er uns geschenkt hat

Deuteronomium 26,1–11

*Wenn du in das Land, das der Herr, dein Gott, dir als Erbbesitz gibt, hineinziehst, es in Besitz nimmst und darin wohnst, dann sollst du von den ersten Erträgen aller Feldfrüchte, die du in dem Land, das der Herr, dein Gott, dir gibt, eingebracht hast, etwas nehmen und in einen Korb legen. Dann sollst du zu der Stätte ziehen, die der Herr, dein Gott, erwählen wird, indem er dort seinen Namen wohnen lässt. Du sollst vor den Priester treten, der dann amtiert, und sollst zu ihm sagen: „Heute bestätige ich vor dem Herrn, deinem Gott, dass ich in das Land gekommen bin, von dem ich weiß: Er hat unseren Vätern geschworen, es uns zu geben." Dann soll der Priester den Korb aus deiner Hand entgegennehmen und ihn vor den Altar des Herrn, deines Gottes, stellen. Du aber sollst vor dem Herrn, deinem Gott, folgendes Bekenntnis ablegen:*

*„Mein Vater war ein heimatloser Aramäer. Er zog nach Ägypten, lebte dort als Fremder mit wenigen Leuten und wurde dort zu einem großen, mächtigen und zahlreichen Volk. Die Ägypter behandelten uns schlecht, machten uns rechtlos und legten uns harte Fronarbeit auf. Wir schrien zum Herrn, dem Gott unserer Väter, und der Herr hörte unser Schreien und sah unsere Rechtlosigkeit, unsere Arbeitslast und unsere Bedrängnis. Der Herr führte uns mit starker Hand und hoch erhobenem Arm, unter großem Schrecken, unter Zeichen und Wun-*

*dern aus Ägypten, er brachte uns an diese Stätte und gab uns dieses Land, ein Land, wo Milch und Honig fließen. Und siehe, nun bringe ich hier die ersten Erträge von den Früchten des Landes, das du mir gegeben hast, Herr." Wenn du den Korb vor den Herrn, deinen Gott, gestellt hast, sollst du dich vor dem Herrn, deinem Gott, niederwerfen. Dann sollst du fröhlich sein und dich freuen über alles Gute, das der Herr, dein Gott, dir und deiner Familie gegeben hat: du, die Leviten und die Fremden in deiner Mitte.* ■

Dieser Text beschreibt den Zweck und die grundlegende Struktur des Gottesdienstes, den das Volk Gottes feiert. Gott hat einer Gruppe landloser Menschen – völlig unerwartet und ohne von ihnen eine Gegenleistung zu erwarten – ein neues Leben geschenkt und sie dadurch zu einem Volk gemacht, dem er auf besondere Weise zugetan ist. Er gab ihm ein „Land, wo Milch und Honig fließen", und es sollte Gott seine Dankbarkeit erweisen, indem es ihm etwas von dem zurückgab, was es erhalten hatte. Was sollten wir aber einem unsichtbaren Gott schenken? Hier taucht die Frage nach dem liturgischen Gottesdienst auf, durch den es den Menschen möglich gemacht werden sollte, Gott ein *symbolisches* Opfer darzubringen, um damit ihre Gemeinschaft mit ihm zum Ausdruck zu bringen.

So bringt der Bauer einen Teil seiner Ernte als Opfer an einen gottgeweihten Ort – ein Heiligtum oder einen Tempel – und übergibt ihn dort einem Priester, der den Auftrag hat, das Opfer Gott symbolisch weiterzureichen, indem er es auf den Altar legt – die Stelle, an der sich Himmel und Erde berühren. Danach wird die Gabe auf die eine oder andere Weise beseitigt, entweder verbrannt oder verzehrt. Dieses Zurückgeben der Gaben Gottes, das in der Bibel „Opfer“ genannt wird, bringt die Beziehung zwischen den Beteiligten zum Ausdruck und verstärkt sie. Es schenkt neue Hoffnung, dass Gott immer für die da sein wird, die an ihn glauben, und dass er sich auch weiterhin um sie kümmern wird. Letztlich ist alles Geschenk, und die eigentliche Bedeutung unseres Lebens liegt nicht in dem, was wir leisten, sondern im Vertrauen darauf, dass Gott uns beständig führt und schützt.

Demzufolge sind die Opfer für das Volk der Bibel keine lästige oder gar schmerzliche Pflicht, sondern eine freudige Zeit, in der die Beziehung zum Ursprung des Lebens wiederhergestellt wird: „Dann sollst du fröhlich sein und dich freuen über alles Gute, das der Herr, dein Gott, dir gegeben hat.“ Im Tempel erinnern wir uns an die entscheidenden Momente in der Geschichte, wir bringen Gott unsere Dankbarkeit und unser Vertrauen zum Ausdruck und stärken unsere Hoffnung für die Zukunft. Gleichzeitig machen wir eine Erfahrung der Gemeinschaft mit den anderen Glaubenden.

Das Kommen Jesu, des Messias, löst diese Dimension des Lebens nicht auf, sondern macht sie noch konkreter. Jesus macht dem, den er Vater nennt, keine materiellen und damit auch keine symbolischen Geschenke. Vielmehr ist sein ganzes Leben ein Geschenk an den Vater, ein Leben für die anderen, bis hin zu seinem Tod am

Kreuz. Der Hebräerbrief fasst dies in folgende Worte: „Ein für allemal (hat Christus das Opfer dargebracht), als er sich selbst dargebracht hat." (Hebräer 7,27; vgl. 9,25–26;10,10) So sind wir unsererseits eingeladen, unser Leben zu einer Gabe werden zu lassen, wie Paulus an die Römer schreibt: „Ich ermahne euch also, Brüder und Schwestern, eure Leiber als lebendiges, heiliges und Gott wohlgefälliges Opfer darzubringen – als euren geistigen Gottesdienst." (Römer 12,1) Als Glaubende wissen wir, dass alles ein Geschenk ist. Folglich geht es einzig und allein darum, alles dem Einen zurückzugeben, der uns eine Überfülle an materiellem und geistlichem Segen schenkt.

→ Ist es möglich, in Dankbarkeit zu leben? Warum fällt es uns oft leichter, Gott um etwas zu bitten, als ihm für all das Gute zu danken, was wir empfangen haben?
→ Durch welche Geste kann ich mein Leben Gott darbringen?
→ Wie kann man in diesem Zusammenhang die Worte verstehen: „An Liebe habe ich Gefallen, nicht an Schlachtopfern" (Hosea 6,6; Matthäus 9,13)?

## Dieser Mensch bist du!

2 Samuel 11,2–16.26–12,15

*Als David einmal zur Abendzeit von seinem Lager aufstand und auf dem Flachdach des Königspalastes hin- und herging, sah er von dort aus eine Frau, die badete. Die Frau war sehr schön anzusehen. David schickte jemand hin, erkundigte sich nach ihr und sagte: „Ist das nicht Batseba, die Tochter Ammiëls, die Frau des Hetiters Urija?“ Darauf schickte David Boten zu ihr und ließ sie holen; sie kam zu ihm und er schlief mit ihr – sie hatte sich gerade von ihrer Unreinheit gereinigt. Dann kehrte sie in ihr Haus zurück. Die Frau war aber schwanger geworden und schickte deshalb zu David und ließ ihm mitteilen: „Ich bin schwanger.“ Darauf sandte David zu Joab und ließ ihm sagen: „Schick den Hetiter Urija zu mir!“ Und Joab schickte Urija zu David. Als Urija zu ihm kam, fragte David, ob es Joab und dem Volk gut gehe und wie es mit dem Kampf stehe. Dann sagte er zu Urija: „Geh in dein Haus hinab und wasch dir die Füße!“ Urija verließ das Haus des Königs und es wurde ihm ein Geschenk des Königs nachgetragen. Urija aber legte sich am Tor des Königshauses bei den Knechten seines Herrn nieder und ging nicht in sein Haus hinab. Man berichtete David: „Urija ist nicht in sein Haus hinabgegangen.“ Darauf sagte David zu Urija: „Bist du nicht gerade von einer Reise gekommen? Warum bist du nicht in dein Haus hinuntergegangen?“ Urija antwortete David: „Die Lade und Israel und Juda wohnen in Hütten und mein Herr Joab und die Knechte meines Herrn lagern auf freiem Feld; da soll ich in mein Haus gehen, um zu essen und zu trinken und bei meiner Frau zu liegen? So wahr du lebst und so wahr deine Seele lebt, das werde ich nicht tun." Darauf sagte David zu Urija: „Bleib auch heute noch hier; morgen werde ich dich wegschicken." So blieb Urija an jenem und am folgenden Tag in Jerusalem. David lud ihn ein, bei ihm zu essen und zu trinken, und machte ihn betrunken. Am Abend aber ging Urija weg, um sich wieder auf seinem Lager bei den Knechten seines Herrn niederzulegen; er ging nicht in sein Haus hinab. Am anderen Morgen schrieb David einen Brief an Joab und ließ ihn durch Urija überbringen. Er schrieb in dem Brief: „Stellt Urija nach vorn, wo der Kampf am heftigsten ist, dann zieht euch von ihm zurück, sodass er getroffen wird und den Tod findet!" Joab hatte die Stadt beobachtet und er stellte Urija an einen Platz, von dem er wusste, dass dort besonders tüchtige Krieger standen. (...)*

*Als die Frau Urijas hörte, dass ihr Mann Urija tot war, hielt sie für ihren Gemahl die Totenklage. Sobald die Trauerzeit vorüber war, ließ David sie zu sich in sein Haus holen. Sie wurde seine Frau und gebar ihm einen Sohn. In den Augen des Herrn aber war böse, was David getan hatte.*

*Darum schickte der Herr den Natan zu David; dieser ging zu David und sagte zu ihm: In einer Stadt lebten einst zwei Männer; der eine war reich, der andere arm. Der Reiche besaß sehr viele Schafe und Rinder, der Arme aber besaß nichts außer einem einzigen kleinen Lamm, das er gekauft hatte. Er zog es auf und es wurde bei ihm zusammen mit seinen Kindern groß. Es aß von seinem Stück Brot und es trank aus seinem Becher, in seinem Schoß lag es und war für ihn wie eine*

*Tochter. Da kam ein Besucher zu dem reichen Mann und er brachte es nicht über sich, eines von seinen Schafen oder Rindern zu nehmen, um es für den zuzubereiten, der zu ihm gekommen war. Darum nahm er dem Armen das Lamm weg und bereitete es für den Mann zu, der zu ihm gekommen war. Da geriet David in heftigen Zorn über den Mann und sagte zu Natan: „So wahr der Herr lebt: Der Mann, der das getan hat, verdient den Tod. Das Lamm soll er vierfach ersetzen, weil er das getan und kein Mitleid gehabt hat." Da sagte Natan zu David: „Du selbst bist der Mann. So spricht der Herr, der Gott Israels: Ich habe dich zum König von Israel gesalbt und ich habe dich aus der Hand Sauls gerettet. Ich habe dir das Haus deines Herrn und die Frauen deines Herrn in den Schoß gegeben und ich habe dir das Haus Israel und Juda gegeben, und wenn das zu wenig ist, gebe ich dir noch manches andere dazu. Aber warum hast du das Wort des Herrn verachtet und etwas getan, was ihm missfällt? Du hast den Hetiter Urija mit dem Schwert erschlagen und hast dir seine Frau zur Frau genommen; durch das Schwert der Ammoniter hast du ihn umgebracht. Darum soll jetzt das Schwert auf ewig nicht mehr von deinem Haus weichen; denn du hast mich verachtet und dir die Frau des Hetiters genommen, damit sie deine Frau werde. So spricht der Herr: Ich werde dafür sorgen, dass sich aus deinem eigenen Haus das Unheil gegen dich erhebt, und ich werde dir vor deinen Augen deine Frauen wegnehmen und sie einem andern geben; er wird am hellen Tag bei deinen Frauen liegen. Ja, du hast es heimlich getan, ich aber werde es vor ganz Israel und am hellen Tag tun." Darauf sagte David zu Natan: „Ich habe gegen den Herrn gesündigt." Natan antwortete David: „Der Herr hat dir deine Sünde vergeben; du wirst nicht sterben." Weil du aber durch diese Tat den Herrn verworfen hast, muss der Sohn, der dir geboren wird, sterben. Dann ging Natan nach Hause. Der Herr aber schlug das Kind, das die Frau des Urija dem David geboren hatte, und es wurde schwer krank.* ■

Eines Tages sieht König David eine Frau, die er begehrt. Obgleich das Begehren – auch für die Bibel – zum menschlichen Leben gehört, ist es nicht erlaubt, jeder Begierde nachzugeben: Die Menschen müssen sowohl die anderen Menschen als auch das Gesetz Gottes achten. David hingegen setzt sich als König über alle Grenzen hinweg. Er nimmt sich diese Frau, ohne sich über die Folgen Gedanken zu machen.

Kurz darauf werden die Dinge immer komplizierter. Das Böse besitzt eine Eigendynamik, und der Ehebruch führt zu Lüge und schließlich zu Mord. Der König verstrickt sich in Schwierigkeiten, die ihn vom rechten Weg abbringen.

In dieser Situation kommt der Prophet Nathan zum König. Er verurteilt ihn nicht, was David höchstwahrscheinlich nur provoziert und noch tiefer ins Unglück getrieben hätte, sondern erzählt ihm eine Geschichte. David muss Abstand nehmen, um sich von der Sünde zu lösen. Er muss erkennen, dass er sich nur ständig selbst rechtfertigt, dass sich nicht alles um ihn dreht und ihm nicht alles erlaubt ist. Auch er ist nur „einer unter vielen". Die Klugheit des Propheten besteht darin, dem König sein Verhalten in der Gestalt eines anderen vor Augen zu führen und ihn dann sein eigenes Urteil fällen zu lassen.

Nicht Gott, sondern der König selbst spricht also das Urteil. Dann weist Nathan darauf hin, welche Folgen dessen Fehler haben: Erstens wird sich die Gewalt, die er anderen antut, eines Tages gegen ihn selbst und gegen die Seinen richten. Dies ist ein „Gesetz“ des Lebens, das Jesus so formuliert: „Alle, die zum Schwert greifen, werden durch das Schwert umkommen.“ (Matthäus 26,52) Denn „es gibt nichts Verborgenes, das nicht offenbar wird, und nichts Geheimes, das nicht bekannt wird und an den Tag kommt“ (Lukas 8,17). Dies gehört wesentlich zu dem, was die Bibel unter „Urteilen“ versteht, nämlich die Erkenntnis der wahren Bedeutung unseres Handels in seinem ganzen Ausmaß. Aber die Offenbarung der Wahrheit ist keine Strafe, sondern sie ist Teil des Heilungsprozesses, durch den sich die Tiefen unseres Wesens der Liebe Gottes öffnen.

Der Bericht endet damit, dass der König bereut. Er erkennt seine Schuld, worauf der Prophet ihm umgehend die Vergebung Gottes versichert. So wird der Prophet Ezechiel später einmal sagen: „Habe ich etwa Gefallen am Tod des Schuldigen – Spruch Gottes, des Herrn – und nicht vielmehr daran, dass er umkehrt von seinen Wegen und am Leben bleibt?“ (vgl. Ezechiel 18,23) Dennoch ist der Tod des Kindes für unser modernes Empfinden kaum zu verstehen. Durch ihn soll angedeutet werden, dass – obwohl uns vergeben ist – das Böse Böses bleibt und als solches zum Tod führt. Aber es findet eine „Auferstehung“ statt: Wenig später bekommen Batseba und David einen weiteren Sohn, den großen König Salomon, der die Geschichte zwischen Gott und seinem Volk zu einem neuen Höhepunkt führt.

- ➜ Wo sind Menschen heute in ähnlicher Weise wie König David versucht, sich ihre eigenen Gesetze zu machen? Wie kann man mit dieser Versuchung umgehen?
- ➜ Nathan sagte im Namen Gottes zum König: „Du hast mich verachtet ..." Inwiefern stimmt das?
- ➜ Ist es notwendig, unsere Schuld zu bekennen, um Vergebung zu erfahren? Warum oder warum nicht?
- ➜ Was berührt mich an dieser Geschichte besonders?

## Um seiner selbst willen glauben?

Hiob 1,1–21

*Im Lande Uz lebte ein Mann mit Namen Hiob. Dieser Mann war untadelig und rechtschaffen; er fürchtete Gott und mied das Böse. Sieben Söhne und drei Töchter wurden ihm geboren. Er besaß siebentausend Stück Kleinvieh, dreitausend Kamele, fünfhundert Joch Rinder und fünfhundert Eselinnen, dazu zahlreiches Gesinde. An Ansehen übertraf dieser Mann alle Bewohner des Ostens. Seine Söhne aber pflegten Gastmähler zu halten, ein jeder an seinem Tag in seinem Haus. Sie schickten hin und luden ihre drei Schwestern ein, mit ihnen zu essen und zu trinken. Wenn die Tage des Gastmahls vorbei waren, schickte Hiob hin und entsühnte sie. Früh am Morgen stand er auf und brachte so viele Brandopfer dar, wie er Kinder hatte. Denn Hiob sagte sich: „Vielleicht haben meine Kinder gesündigt und Gott gesegnet in ihrem Herzen." So tat Hiob alle Tage. Nun geschah es eines Tages, da kamen die Gottessöhne, um vor den Herrn hinzutreten; unter ihnen kam auch der Satan. Der Herr sprach zum Satan: „Woher kommst du?" Der Satan antwortete dem Herrn und sprach: „Die Erde habe ich durchstreift, hin und her." Der Herr sprach zum Satan: „Hast du auf meinen Knecht Hiob geachtet? Seinesgleichen gibt es nicht auf der Erde: ein Mann untadelig und rechtschaffen, er fürchtet Gott und meidet das Böse." Der Satan antwortete dem Herrn und sagte: „Geschieht es ohne Grund, dass Hiob Gott fürch-*

*tet? Bist du es nicht, der ihn, sein Haus und all das Seine ringsum beschützt? Das Tun seiner Hände hast du gesegnet; sein Besitz hat sich weit ausgebreitet im Land. Aber streck nur deine Hand gegen ihn aus und rühr an all das, was sein ist; wahrhaftig, er wird dich ins Angesicht segnen." Der Herr sprach zum Satan: „Gut, all sein Besitz ist in deiner Hand, nur gegen ihn selbst streck deine Hand nicht aus!" Darauf ging der Satan weg vom Angesicht des Herrn. Nun geschah es eines Tages, dass seine Söhne und Töchter im Haus ihres erstgeborenen Bruders aßen und Wein tranken. Da kam ein Bote zu Hiob und meldete: „Die Rinder waren beim Pflügen und die Eselinnen weideten daneben. Da fielen Sabäer ein, nahmen sie weg und erschlugen die Knechte mit scharfem Schwert. Ich ganz allein bin entronnen, um es dir zu berichten." Noch ist dieser am Reden, da kommt schon ein anderer und sagt: „Feuer Gottes fiel vom Himmel, schlug brennend ein in die Schafe und Knechte und verzehrte sie. Ich ganz allein bin entronnen, um es dir zu berichten." Noch ist dieser am Reden, da kommt schon ein anderer und sagt: „Die Chaldäer stellten drei Rotten auf, fielen über die Kamele her, nahmen sie weg und erschlugen die Knechte mit scharfem Schwert. Ich ganz allein bin entronnen, um es dir zu berichten. „Noch ist dieser am Reden, da kommt schon ein anderer und sagt: „Deine Söhne und Töchter aßen und tranken Wein im Haus ihres erstgeborenen Bruders. Da kam ein gewaltiger Wind über die Wüste und packte das Haus an allen vier Ecken; es stürzte über die jungen Leute und sie starben. Ich ganz allein bin entronnen, um es dir zu berichten." Da stand Hiob auf, zerriss sein Gewand, schor sich das Haupt, fiel auf die Erde, betete an und sprach: „Nackt kam ich hervor aus dem Schoß meiner Mutter; nackt kehre ich dahin zurück. Der Herr hat gegeben, der Herr hat genommen; gelobt sei der Name des Herrn.“* ■

Warum leiden wir? Warum leiden oft auch gute und unschuldige Menschen? Diese Frage ist so alt wie die Menschheit und taucht schon in der Bibel auf. Vor allem das Buch Hiob, das etwa im 4. Jahrhundert vor Christus entstand, verleiht dem weit verbreiteten Thema des Gerechten, der leidet, einen besonderen Akzent. Das Volk Israel ist mit seinem Gott durch einen Bund vereint und hat auf das unwiderrufliche Versprechen seines Gottes hin Treue gelobt. Doch der Gott Israels, der Gott des Bundes, scheint seine Treuen vergessen zu haben; man könnte sogar meinen, er ließe sie absichtlich leiden. So stellt sich die Frage, warum wir Gott treu bleiben sollen, obwohl es doch offensichtlich keinen Vorteil bringt.

Der Verfasser des Buches geht dieser Frage mit großem Feingefühl nach. Wie auf einem Umweg erzählt er die Geschichte eines Fremden, die Geschichte eines „Bewohners des Ostens“. Aber dies darf nicht täuschen: Obwohl er aus einem fremden Land kommt, denkt, spricht und handelt Hiob wie ein treuer Israelit. Seine Lebensgeschichte ist ein Gleichnis, in dem auf erstaunlich aktuelle Weise die Absichtslosigkeit der Treue zu Gott betrachtet wird. Die Beschreibung seiner Lebensgeschichte gibt keine Antwort auf die Frage nach dem „Warum des Leidens“, sondern stellt die Frage nach dem „Warum unseres Glaubens“.

Das erste Kapitel des Buches stellt den Menschen Hiob im Lande Uz vor, einen in jeder Hinsicht außergewöhnlichen Mann: Sein moralisches und religiöses Leben sind ohne Tadel. Als vorbildlicher Familienvater kümmert er sich um seine zehn Kinder; sein Reichtum ist unermesslich.

Von dort führt die Geschichte den Leser vor den Thron Gottes. Es findet gerade eine Audienz statt, der Herr empfängt seinen Hofstaat, „die Gottessöhne", seine Diener und Minister, die auch als Engel oder Botschafter Gottes bezeichnet werden. Unter diesen befindet sich „Satan", womit nicht genau der Teufel gemeint ist, sondern vielmehr dessen Anwalt, der „Advocatus Diaboli", der Ankläger, der Zweifel streut, nach Schwachstellen sucht, aber ansonsten eine ehrenwerte Person sein kann. In der im Buch Hiob beschriebenen Szene gleicht der Satan eher einem „Geheimagenten" oder einem „Enthüllungsjournalisten", der gerade mit allerlei Informationen von einer Reise auf der Erde zurückkehrt.

Gott kommt auf Hiob zu sprechen; Gott ist – so viele Diener er im Himmel auch hat – auf Hiob stolz. Keiner ist wie Hiob: „Seinesgleichen gibt es nicht auf der Erde" – so wie es auch für Gott kein vergleichbares Wesen im Himmel gibt. Aber der Satan, ein äußerst gefährlicher Anwalt des Teufels, entgegnet, dass dies vielleicht nur darauf zurückzuführen sei, dass Hiob im Leben alles gelingt. Er stellt die Frage: „Geschieht es ohne Grund, dass Hiob Gott fürchtet?" Ist die Liebe Hiobs wirklich ohne Hintergedanken? Gibt es überhaupt einen Menschen, der Gott liebt, ohne dafür eine Belohnung zu erwarten?

Vielleicht wäre es besser gewesen, nicht um alles auf der Welt nach einer Antwort auf diese Frage zu suchen. Denn der Preis, den Hiob dafür zahlt, ist sehr hoch. Letztendlich geht es auch gar nicht um diese Frage. Die Geschichte Hiobs ist ein großes Gleichnis, das einer eigenen Logik folgt. Sie erzählt mit einer scheinbaren Naivität, wie sehr Gott sich über die außergewöhnliche Charakterstärke seines Dieners Hiob freut. Die Arglosigkeit Gottes gegenüber dem Satan, der wie ein Erwachsener ernst und kritisch nachfragt, hat fast schon etwas Kindliches.

Satan fordert Gott heraus, aber dieser vertraut und nimmt die Wette an, dass Hiob – was immer auch geschieht – die Unterstellungen Satans, der alles in Verdacht zieht, Lügen straft. Gott setzt seine ganze Ehre aufs Spiel. Jetzt hängt es von Hiob ab, ob Gott mit seinem Vertrauen recht behält, oder ob sich die Unterstellungen Satans als begründet erweisen.

Ohne sich dessen bewusst zu sein, bestätigt Hiob das Vertrauen Gottes und zeigt, dass Satan nicht recht hatte. Hiob liefert den Beweis dafür, dass es eine Liebe zu Gott gibt, die nur um ihrer selbst willen besteht.

→ Welchen Zeugen eines echten Glaubens kenne ich?
→ Warum liebt Gott eine absichtslose Treue, die Liebe um ihrer selbst willen?
→ Warum suche ich Gott, warum liebe ich ihn?

## Das Gesetz, das Leben schenkt

Psalm 1

*Selig der Mann, der nicht nach dem Rat der Frevler geht,*
*nicht auf dem Weg der Sünder steht,*
*nicht im Kreis der Spötter sitzt,*
*sondern sein Gefallen hat an der Weisung des Herrn,*
*bei Tag und bei Nacht über seine Weisung nachsinnt.*
*Er ist wie ein Baum, gepflanzt an Bächen voll Wasser,*
*der zur rechten Zeit seine Frucht bringt*
*und dessen Blätter nicht welken.*
*Alles, was er tut, es wird ihm gelingen.*

*Nicht so die Frevler:*
*Sie sind wie Spreu, die der Wind verweht.*
*Darum werden die Frevler im Gericht nicht bestehen*
*noch die Sünder in der Gemeinde der Gerechten.*
*Denn der Herr kennt den Weg der Gerechten,*
*der Weg der Frevler aber verliert sich.* ■

Bereits am Anfang des ersten Psalms wird etwas angesprochen, wonach wir uns alle sehnen. In den Worten „Selig“ oder „Glücklich sei“ steckt das wahre Leben, die Freude eines Menschen, der seine Bestimmung gefunden hat. Diese Fülle des Lebens zeigt sich auch in dem Bild des Baums, das Stabilität (ein Baum ist nur schwer zu entwurzeln), Frische (grünes Laub) und Fruchtbarkeit in sich vereint. Ein Baum ist das genaue Gegenteil von „Spreu", den leeren, trockenen Hülsen, die nach dem Dreschen des Korns übrigbleiben und vom Wind verweht werden.

Gibt es ein Geheimrezept für dieses wahre Leben? Gibt es einen Weg zu ihm? – Der Psalm beschreibt diesen Weg und besingt ihn feierlich und stellt ihn dem Weg der „Frevler", „Sünder" und „Spötter" gegenüber. Solche Menschen machen sich nicht viele Gedanken, sondern gehen den leichten Weg; sie folgen entweder dem allgemeinen Trend oder ihren eigenen, momentanen Wünschen. Doch die Freude eines Lebens in Fülle kommt von woanders her: Sie entsteht aus einer inneren Haltung, einer „Freude (Gefallen) an der Weisung des Herrn", über die man „nachsinnt".

Das mag im ersten Augenblick widersprüchlich klingen: Wir verbinden das Wort „Weisung" nicht unbedingt mit „Freude" oder „Gefallen". Das liegt daran, dass wir bei „Weisung" spontan an Regeln und Gesetze denken. Demgegenüber ist die „Weisung" Gottes etwas ganz anderes. In der Bibel ist damit kein Regelwerk gemeint, das befolgt werden müsste, sondern Gottes Plan für das menschliche Leben – ein Plan der Liebe, der Freude, des Vertrauens und des Friedens. Der Psalm nennt nicht denjenigen „selig" bzw, „glücklich", der blind alle Regeln befolgt, so als ob es Gott um ein oberflächliches, konformistisches Leben ginge. Es geht vielmehr darum, zu verstehen, dass Gottes Wille für uns etwas Schönes ist, voller Freude, eine Quelle des Lebens. „Gottes Weisung" ist

Ausdruck dessen, was er für uns will und was wir aus der Schrift und aus seiner Geschichte mit den Menschen herauslesen können. Gottes Wille für uns ist nichts anderes als seine Liebe. Wenn wir uns die Zeit nehmen, darüber nachzudenken, was wir an diesem Plan vielleicht auch nur halbwegs verstehen und was uns an ihm berührt, d. h., was für uns eine Quelle der Freude ist, dann kann daraus ein wahres Leben in Fülle zu wachsen beginnen.

→ Wo finde ich in meinem Leben das Bild des blühenden Baumes wieder und wo die Spreu?
→ Wo finde ich in der Bibel – zum Beispiel in den Worten oder Taten Jesu – etwas von dieser „Freude"?
→ Was bedeutet für mich, darüber „nachzusinnen"?

## Gott im Himmel, in seinem Gesetz und in mir

Psalm 19

*Die Himmel erzählen die Herrlichkeit Gottes*
*und das Firmament kündet das Werk seiner Hände.*
*Ein Tag sagt es dem andern,*
*eine Nacht tut es der andern kund,*
*ohne Rede und ohne Worte, ungehört bleibt ihre Stimme.*
*Doch ihre Botschaft geht in die ganze Welt hinaus,*
*ihre Kunde bis zu den Enden der Erde.*
*Dort hat er der Sonne ein Zelt gebaut.*
*Sie tritt aus ihrem Gemach hervor wie ein Bräutigam;*
*sie frohlockt wie ein Held, ihre Bahn zu laufen.*
*Am einen Ende des Himmels geht sie auf*
*und läuft bis ans andere Ende;*
*nichts kann sich vor ihrer Glut verbergen.*

*Die Weisung des Herrn ist vollkommen,*
*sie erquickt den Menschen.*
*Das Zeugnis des Herrn ist verlässlich,*
*den Unwissenden macht es weise.*
*Die Befehle des Herrn sind gerade,*
*sie erfüllen das Herz mit Freude.*
*Das Gebot des Herrn ist rein,*
*es erleuchtet die Augen.*
*Die Furcht des Herrn ist lauter,*
*sie besteht für immer.*

*Die Urteile des Herrn sind wahrhaftig,*
*gerecht sind sie alle.*
*Sie sind kostbarer als Gold, als Feingold in Menge.*
*Sie sind süßer als Honig, als Honig aus Waben.*

*Auch dein Knecht lässt sich von ihnen warnen;*
*reichen Lohn hat, wer sie beachtet.*
*Versehentliche Fehler, wer nimmt sie wahr?*
*Sprich mich frei von verborgenen Sünden!*
*Verschone deinen Knecht auch vor vermessenen Menschen;*
*sie sollen nicht über mich herrschen!*
*Dann bin ich vollkommen*
*und frei von schwerer Sünde.*
*Die Worte meines Munds mögen dir gefallen;*
*was ich im Herzen erwäge, stehe dir vor Augen,*
*Herr, mein Fels und mein Erlöser.* ■

Wie können wir uns Gott vorstellen? Wie können wir ihn kennenlernen? In diesem Psalm wird davon gesprochen, wie Gott sich auf zwei unterschiedliche Weisen zu erkennen gibt.

Im ersten Teil geht es um die Schönheit des Weltalls, die auf Gott verweist. Die majestätische Bewegung der Himmelskörper – „ohne Worte und ohne Reden" – verheißt einen tiefen Sinn. Die Erforschung der Naturerscheinungen eröffnet einen faszinierenden Blick auf die Weisheit und Größe Gottes. Aber es geht hier nur um die außergewöhnliche Schönheit der „materiellen" Welt, so wie wir sie wahrnehmen – eine unerklärliche

Schönheit, die – über sich selbst hinaus – auf das Geheimnis des Schöpfers verweist. „Ihre Botschaft geht in die ganze Welt hinaus“: Gott möchte sich allen Bewohnern der Erde mitteilen, wo immer sie leben, unabhängig von ihrer Bildung und ihrer Religion.

Im zweiten Teil des Psalms richtet der Verfasser dann seinen Blick von der Sonne am Himmel auf die innere Sonne: Jeder Mensch hat ein Gespür dafür, was gut und richtig ist. Wenn wir diesem Gespür mit Entschiedenheit folgen, erhält unser Leben Licht und Wärme. Es ist der Plan, den Gott für uns hat. So wie die Schönheit der Natur ist auch dieses Gespür etwas, wodurch Gott sich überall und jederzeit denen mitteilt, die dafür empfänglich sind. Paulus erklärt im Römerbrief (2,14–18), dass dieser Sinn für das Gute, dass „die Forderung des Gesetzes (jedem Menschen) ins Herz geschrieben ist“. Für gläubige Juden jedoch hat dieses Gesetz eine konkrete Form angenommen, denn es wurde ihnen in den göttlichen „Geboten“ wörtlich offenbart. Im Vergleich zur wortlosen Sprache der Himmelskörper kommt hier ein noch persönlicherer und wichtigerer Aspekt der göttlichen Natur zum Ausdruck, der auf noch direktere Weise mit dem menschlichen Leben zu tun hat. Es ist bedeutungsvoll, dass der Name Gottes, „der Herr“, im ersten Teil nicht erwähnt wird, im zweiten Teil des Psalms dagegen gleich sieben Mal.

Ausdrücke wie „Gesetz“ und „Gebot“ können für uns heute abstoßend klingen. Solange wir denken, dass es Gott vor allem darauf ankommt, uns Regeln zu geben und uns Vorschriften zu machen, haben wir Angst, unsere Freiheit zu verlieren. Dann sind wir immer nur bereit, das Nötigste zu tun. Wenn wir dagegen immer tiefer verstehen, dass Gott von uns zuallererst erwartet, dass wir uns seiner Liebe öffnen und einander lieben, dann werden wir – wie jeder Mensch, der wirklich liebt – alles tun, was in unserer Macht steht. Dann sind diese Gebote für uns eine Quelle der Freude und neuer Ideen, die uns mit ihrem Strahlen und ihrer Sanftmut den Weg weisen.

Am Ende wird der Psalmist sehr persönlich: Nachdem er von der Schönheit der Schöpfung und den Plänen Gottes für die Menschheit gesprochen hat, wird ihm bewusst, wie unfähig er selbst ist, im Einklang mit all dem zu leben. Doch er breitet nicht seine Schuldgefühle vor uns aus, sondern bittet ganz einfach um Vergebung für das, was er bewusst oder unbewusst falsch gemacht hat, und bittet darum, vor schweren Fehlern bewahrt zu werden. Im Schlussvers wird ein Austausch angedeutet: Der Psalmist hat im Wort Gottes seine Freude gefunden und bittet nun darum, dass auch seine eigenen Worte und Gedanken Gott Freude bereiten mögen. Seine letzten Worte sind ein Ausdruck tiefen Vertrauens: Gottes Herrlichkeit erscheint für die ganze Welt am Himmel, Gottes Schönheit und Gerechtigkeit werden seinem Volk durch das Gesetz kundgetan; aber Gott verschafft auch *mir persönlich* Sicherheit („mein Fels“) und Freiheit („mein Erlöser“).

→ Was finde ich in der natürlichen Welt besonders schön? Kann ich mir jeden Tag etwas Zeit nehmen, um diese Schönheit zu betrachten und sie mehr von Gott erzählen zu lassen?

- Über welche Zeichen menschlicher Güte freue ich mich, welche sind mir so wertvoll wie Gold? Wie könnte ich selbst noch tiefer in diese Bewegung der Güte eintreten?
- Was bedeutet es für mich, dass Christus „nicht gekommen ist aufzuheben, sondern um zu erfüllen.“, wie es im Matthäusevangelium (5,17) heißt?

## Von der Verzweiflung zum Lobpreis

Psalm 22

*Mein Gott, mein Gott, warum hast du mich verlassen,*
*bleibst fern meiner Rettung, den Worten meines Schreiens?*
*Mein Gott, ich rufe bei Tag, doch du gibst keine Antwort;*
*und bei Nacht, doch ich finde keine Ruhe.*

*Aber du bist heilig,*
*du thronst über dem Lobpreis Israels.*
*Dir haben unsere Väter vertraut,*
*sie haben vertraut und du hast sie gerettet.*
*Zu dir riefen sie und wurden befreit,*
*dir vertrauten sie und wurden nicht zuschanden.*

*Ich aber bin ein Wurm und kein Mensch,*
*der Leute Spott, vom Volk verachtet.*
*Alle, die mich sehen, verlachen mich,*
*verziehen die Lippen, schütteln den Kopf:*
*„Wälze die Last auf den Herrn!*
*Er soll ihn befreien,*
*er reiße ihn heraus, wenn er an ihm Gefallen hat!“*
*Du bist es, der mich aus dem Schoß meiner Mutter zog,*
*der mich anvertraut der Brust meiner Mutter.*
*Von Geburt an bin ich geworfen auf dich,*
*vom Mutterleib an bist du mein Gott.*
*Sei mir nicht fern, denn die Not ist nahe*

*und kein Helfer ist da!*
*Viele Stiere haben mich umgeben,*
*Büffel von Baschan mich umringt.*
*Aufgesperrt haben sie gegen mich ihren Rachen,*
*wie ein reißender, brüllender Löwe.*
*Hingeschüttet bin ich wie Wasser,*
*gelöst haben sich all meine Glieder,*
*mein Herz ist geworden wie Wachs, in meinen Eingeweiden zerflossen.*
*Meine Kraft ist vertrocknet wie eine Scherbe,*
*die Zunge klebt mir am Gaumen,*
*du legst mich in den Staub des Todes.*
*Denn Hunde haben mich umlagert,*
*eine Rotte von Bösen hat mich umkreist.*
*Sie haben mir Hände und Füße durchbohrt.*
*Ich kann all meine Knochen zählen;*
*sie gaffen und starren mich an.*
*Sie verteilen unter sich meine Kleider*
*und werfen das Los um mein Gewand.*
*Du aber, Herr, halte dich nicht fern!*
*Du, meine Stärke, eile mir zu Hilfe!*
*Entreiß mein Leben dem Schwert,*
*aus der Gewalt der Hunde mein einziges Gut!*
*Rette mich vor dem Rachen des Löwen*
*und vor den Hörnern der Büffel!*

*Du hast mir Antwort gegeben.*
*Ich will deinen Namen meinen Brüdern verkünden,*
*inmitten der Versammlung dich loben.*
*Die ihr den Herrn fürchtet, lobt ihn;*

*all ihr Nachkommen Jakobs, rühmt ihn;*
*erschauert vor ihm, all ihr Nachkommen Israels!*
*Denn er hat nicht verachtet,*
*nicht verabscheut des Elenden Elend.*
*Er hat sein Angesicht nicht verborgen vor ihm;*
*er hat gehört, als er zu ihm schrie.*
*Von dir kommt mein Lobpreis in großer Versammlung,*
*ich erfülle mein Gelübde vor denen, die ihn fürchten.*
*Die Armen sollen essen und sich sättigen;*
*den Herrn sollen loben, die ihn suchen.*
*Aufleben soll euer Herz für immer.*

*Alle Enden der Erde sollen daran denken*
*und sich zum Herrn bekehren:*
*Vor dir sollen sich niederwerfen alle Stämme der Nationen.*
*Denn dem Herrn gehört das Königtum;*
*er herrscht über die Nationen.*
*Es aßen und warfen sich nieder alle Mächtigen der Erde.*
*Alle, die in den Staub gesunken sind,*
*sollen vor ihm sich beugen.*
*Und wer sein Leben nicht bewahrt hat,*
*Nachkommen werden ihm dienen.*
*Vom Herrn wird man dem Geschlecht erzählen, das kommen wird.*
*Seine Heilstat verkündet man einem Volk, das noch geboren wird:*
*Ja, er hat es getan.* ■

„Mein Gott, mein Gott, warum hast du mich verlassen?" Man kann sich kaum ein verzweifelteres Gebet vorstellen als diese Worte aus Psalm 22. Der Psalmist sagt nicht nur „Gott", sondern betet mit den Worten: „Mein Gott, mein Gott." Er, der einst so nahe war und noch immer als „mein Gott" angerufen wird, ist jetzt völlig abwesend. Die Stille könnte nicht größer sein: Tag und Nacht bleiben die Rufe unbeantwortet. Der gesamte erste Teil des Psalms bewegt sich zwischen Vergangenheit und Zukunft, zwischen der Gewissheit von einst und der Angst angesichts der gegenwärtigen Umstände. Wird der Psalmist am Ende Gott vielleicht doch aufgeben? Er ist so tief gefallen, wie man es sich kaum vorstellen kann: „Ich bin ein Wurm und kein Mensch", sagt er; es ist ihm, als habe er seine menschliche Würde verloren. Er wird nicht nur mit Gleichgültigkeit behandelt, sondern sogar mit Verachtung. „Soll doch Gott ihn retten!", sagen sie. Dem Tod nah, sieht der Psalmist, wie sein Leib zerfällt: *„Hingeschüttet bin ich wie Wasser, gelöst haben sich all meine Glieder, mein Herz ist geworden wie Wachs, in meinen Eingeweiden zerflossen.* ... Ich kann all meine Knochen zählen."

Die Spannung und das Geheimnis von Psalm 22 liegen zwischen der einfachen Feststellung – „du bist so fern" – und der demütigen Bitte – „sei mir nicht fern". Der Beter des Psalms spricht von seiner Verzweiflung und hört gleichzeitig nicht auf, an Gott zu denken und ihn anzurufen.

Dann kommt es zu einer überraschenden Wende. Was genau geschieht und was Gott getan hat, bleibt so unklar wie der Grund für das Leiden des Beters. Dieser lädt nun andere ein, sich der großen Gemeinde anzuschließen und Gott für das Geschehene zu loben. Nichts weist darauf hin, dass er noch immer verbittert wäre. Gottes Antwort scheint ihm jedes Verlangen nach Rache genommen zu haben. Der Psalmist deutet sogar an, dass er auch seine Verfolger leiden sieht. Gottes Geschenk ist so groß, dass er alle auffordert, Gott zu loben.

Allmählich erweitert sich der Kreis der Eingeladenen, und man bekommt eine Vorahnung vom bevorstehenden Fest. Da sind zunächst die Armen und die, die Gott suchen, mit denen sich der Psalmist identifiziert. Dann werden die Menschen von allen Enden der Erde und aus allen Nationen eingeladen. Schließlich erwähnt der Psalmist sogar die, die noch nicht geboren sind und die eines Tages ebenfalls Gott loben werden. Immer mehr Menschen aller Generationen sollen mitfeiern. Was er in seiner Verzweiflung erlebt hat, ist für die Menschen aller Zeiten von Bedeutung. Niemand ist ausgeschlossen. Der Psalmist, der solches Leid durchgemacht und Gottes Antwort erfahren hat, strahlt Freude und grenzenlose Barmherzigkeit aus. Sein Blick umfängt alle Menschen.

→ Was sagt dieser Psalm über das Leid von Menschen, die ich persönlich kenne, und was über das Leid von Fremden?
→ Was sagt mir der Psalm über meine eigenen Schwierigkeiten, die ich im Leben durchstehen muss?
→ Was erfahre ich in diesem Gebet über Gott und über Jesus?

## Gott, nimm mich an, auch wenn ich zu Gewalt neige!

Psalm 35

*Streite, Herr, gegen alle, die gegen mich streiten,*
*bekämpfe alle, die mich bekämpfen!*
*Ergreife Schild und Waffen;*
*steh auf, um mir zu helfen!*
*Schwing den Speer und die Lanze gegen meine Verfolger!*
*Sag zu mir: Ich bin deine Hilfe! (...)*

*Denn grundlos haben sie mir Grube und Netz versteckt,*
*grundlos haben sie sie mir gegraben.*
*Unvermutet ereile ihn das Verderben;*
*und sein Netz, das er gelegt hat, fange ihn,*
*er falle ins Verderben.*

*Meine Seele aber wird jubeln über den Herrn*
*und sich über seine Hilfe freuen. (...)*

*Du hast es gesehen, Herr. So schweig doch nicht!*
*Herr, bleib mir nicht fern!*
*Wach auf, tritt ein für mein Recht,*
*erwache, mein Gott und mein Herr, um für mich zu streiten!*
*Verschaffe mir Recht nach deiner Gerechtigkeit, Herr, du mein Gott!*
*Sie sollen sich über mich nicht freuen.*
*Lass sie nicht sagen in ihrem Herzen: „Ha, das freut uns!"*

*Sie sollen nicht sagen: „Wir haben ihn verschlungen."*
*In Schmach und Schande sollen alle fallen,*
*die sich über mein Unglück freuen,*
*in Schmach und Schimpf sollen sich kleiden,*
*die gegen mich großtun.*

*Es sollen jubeln und sich freuen,*
*die wünschen, dass ich im Recht bin.*
*Sie sollen immer sagen: „Groß ist der Herr,*
*er hat Gefallen am Heil seines Knechts."*
*Meine Zunge soll von deiner Gerechtigkeit reden,*
*alle Tage von deinem Lob.* ■

Worte können scharfe Waffen sein, und der Psalmist setzt sie als solche ein. Doch er greift nicht an, sondern er verteidigt sich. Er hat nur seine Worte, um sich gegen das Unrecht seiner Verfolger zur Wehr zu setzen. Diese haben mit ihren Lügen und falschen Anschuldigungen seinen Ruf ruiniert und ihn in die Isolation getrieben. Ihre Gewalt hindert ihn daran, Kontakt aufzunehmen und aus seiner Vereinzelung herauszutreten.

Der Verfasser dieses langen Klagelieds möchte Gott sagen, wie haltlos die Vorwürfe gegen ihn sind: *„Denn grundlos haben sie mir Grube und Netz versteckt, grundlos haben sie sie mir gegraben."* Es geht dem Klagenden in erster Linie darum, Gott die Absurdität der Situation vor Augen zu führen: „Du hast es gesehen, Herr. So schweig doch nicht! (...) Wach auf, tritt ein für mein Recht!" Zu wissen, dass Gott die Situation kennt, verschafft ihm

Erleichterung, die in einem überraschenden Lobpreis zum Ausdruck kommt: „Meine Seele aber wird jubeln über den Herrn und sich über seine Hilfe freuen."

In dieser Situation würde der Psalmist gerne hören, dass das Böse sich letztendlich gegen den Übeltäter selbst kehrt: *„Sein Netz, das er gelegt hat, fange ihn, er falle ins Verderben."* Aber Gott bewahrt den Psalmisten vor dessen eigenen Rachegelüsten. Und darum geht es in dem Psalm wohl eigentlich; dies macht die Klagepsalmen so unübertrefflich: Wir machen Gott zum Zeugen unseres Verlangens nach Gewalt. Indem wir ihn bitten, die Gerechtigkeit wiederherzustellen, lassen wir davon ab, dies selbst zu tun.

Gott übt einen „königlichen Dienst" aus, indem er Recht spricht. Er besitzt das „Gewaltmonopol" und kann allein über Recht und Unrecht entscheiden. Es braucht keine private Miliz und keine Blutrache. Indem wir es Gott überlassen, die Gerechtigkeit wiederherzustellen, durchbrechen wir den Teufelskreis der Rache. Auch wenn einige Ausdrücke (*„Streite, Herr, gegen alle, die gegen mich streiten!"*) bedenklich nahe am Vergeltungsrecht „Auge um Auge – Zahn um Zahn" liegen, tritt Gott dazwischen und verhindert, dass wir unserer Gewaltneigung nachgeben.

Indem wir die Dinge in Worte fassen, gewinnen wir Zeit; wir vertagen eine Entscheidung und überlassen Gott das, was für uns so unerträglich ist, dass wir es unmöglich für uns behalten können. Daraus kann neues Vertrauen entstehen. – Frère Roger sagte oft: „Gott nimmt sich unserer Sorgen an."

- → Wie können wir versuchen, dem Gefühl des Unrechts in uns nicht zu viel Raum zu lassen?
- → Kann Gott meinen Zornesausbrüchen zuvorkommen?
- → Kann ich Gott wirklich alles sagen?

## Alles, was atmet, lobe den Herrn!

Psalm 150

*Lobt Gott in seinem Heiligtum,*
*lobt ihn in seiner mächtigen Feste!*

*Lobt ihn wegen seiner machtvollen Taten,*
*lobt ihn nach der Fülle seiner Größe!*
*Lobt ihn mit dem Schall des Widderhorns,*
*lobt ihn mit Harfe und Leier!*
*Lobt ihn mit Trommel und Reigentanz,*
*lobt ihn mit Saiten und Flöte!*
*Lobt ihn mit tönenden Zimbeln,*
*lobt ihn mit schallenden Zimbeln!*
*Alles, was atmet, lobe den Herrn. Halleluja!* ■

Der erste Psalm der Bibel beginnt mit den Worten „Selig der Mensch, der ...“, und der 150. Psalm, der letzte Psalm, endet mit den Worten: „Alles, was atmet, lobe den Herrn! Halleluja!“ Das gesamte Buch der Psalmen ist eine Einladung, unseren Glauben atmen zu lassen und Gott zu loben – und zwar nicht, weil im Gebet immer alles gut wäre, sondern weil Gott uns zuhört und auf unser Gebet antwortet. Der lebendige Gott überrascht uns oft, aber er lässt uns nie im Stich. Das ist die Grundüberzeugung in diesen alten Gebeten. Das Besondere ist, dass alles Menschliche – von der höchsten Freude bis zur tiefsten Trauer – in den Psalmen seinen Platz hat. Nichts wird ausgelassen. Dieses Gebet umfasst das ganze Leben, um es vor Gott zu bringen. In diesem Fall ist der Lobpreis nicht nur ein Gebet zu Gott, wenn alles gut geht. Er stellt das ganze Leben in das Licht der Gnade.

Der 150. Psalm ist ein einziger Lobpreis: Die Einladung zum Gotteslob wird in jeder Zeile wiederholt, und am Ende steht der Ausruf „Halleluja". Die Situation wird im ersten Vers geschildert: Wir sind in Gottes Heiligtum, im Tempel, wo die Menschen zusammenkommen, um Gott zu loben. Aber natürlich kann ein noch so schönes und gewaltiges Heiligtum Gott nicht umfassen. Der Psalmist schaut zum Firmament, in den Himmel – den Widerschein von Gottes Unendlichkeit und Stärke. Wer – außer Gott – könnte die Sterne ergreifen und sie versetzen?

Das Lob wächst mit jedem Vers. „Lobt ihn für seine großen Taten" heißt es am Anfang. Die Erinnerung an gute Erfahrungen, die wir oder andere gemacht haben, veranlasst uns, Gott zu loben. Was wir an Gutem erlebt oder empfangen haben, macht uns dankbar und froh.

Die Worte „Macht" und „Größe" sind nicht nur Ausdruck der Transzendenz Gottes. Vor allem in den Psalmen erinnern sie an Gottes besondere Hinwendung zu den Schwachen und Machtlosen. Der Herr gibt sich dort zu erkennen, wo Unterdrückung überwunden und Leiden gelindert wird. Gottes Macht erweist sich in seiner Barmherzigkeit.

Im Folgenden erwähnt der Verfasser des Psalms dann verschiedene Musikinstrumente und lädt uns zum Mitsingen ein, und im Zusammenspiel der Instrumente steigert sich unser Lob sogar noch. Der Lobpreis ist eine hohe Kunst, er ist verspielt und lädt dazu ein mitzumachen. Tanz, Tamburine und helle Zimbeln sind wie ein Crescendo.

Im letzten Vers öffnet sich der Blick und mündet in einen Aufruf an alle Lebewesen: „Alles, was atmet, lobe den Herrn, Halleluja!" Das Lob trägt den Glaubenden voran. Wohin führt es uns? Es führt uns zur Freude über die Schönheit Gottes, damit auch unsere Mitmenschen die Freude Gottes erfahren und diese Freude die ganze Schöpfung ergreift. Der Atem, der uns leben und singen lässt, ist in allem, was Gott geschaffen hat.

➔ Für welche „machtvollen Taten" kann ich Gott loben? Wo kann ich Gottes „Größe" erkennen?
➔ Wie kann ich es „lernen", Gott zu loben?
➔ Was ändert sich in unserem Leben, wenn wir Gott danken oder ihn loben?

## Im Garten Gottes wohnen

Jesaja 41,17–20

*Die Elenden und Armen suchen Wasser, doch es ist keines da; ihre Zunge vertrocknet vor Durst. Ich, der Herr, will sie erhören, ich, der Gott Israels, verlasse sie nicht. Auf den kahlen Hügeln lasse ich Ströme hervorbrechen und Quellen inmitten der Täler. Ich mache die Wüste zum Wasserteich und das ausgetrocknete Land zu sprudelnden Wassern. In der Wüste pflanze ich Zedern, Akazien, Ölbäume und Myrten. In der Steppe setze ich Zypressen, Platanen und auch Eschen, damit alle sehen und erkennen, begreifen und verstehen, dass die Hand des Herrn dies gemacht hat, dass der Heilige Israels es erschaffen hat.* ■

Diese Elenden und Armen, die nach Wasser suchen, sind die nach Babylon ins Exil deportierten Israeliten. Um in ihr Land zurückzukehren, müssen sie die Wüste durchqueren und Gott versichert ihnen auf diesem gefährlichen Weg seine Gegenwart: „Ich verlasse sie nicht."

Aber auf welche Weise kommt Gott ihnen zu Hilfe? Im vorausgehenden Kapitel ist davon die Rede, dass Gott einen Weg in der Wüste bahnt und den Schwachen Kraft verleiht. Hier nun kündigt der Prophet etwas noch viel Erstaunlicheres an: Gott wird die Wüste in eine Oase verwandeln, sodass die Gefangenen voll Freude und ohne Mühe heimziehen können.

Seitdem er den Garten Eden – das Paradies der vier Flüsse – angelegt hatte (Genesis 2), gefällt es Gott, Flüsse hervorquellen zu lassen und Bäume zu pflanzen. Hier lässt er nun Quellen hervorbrechen und pflanzt unter anderem sogar Olivenbäume, die edelsten aller Bäume, die er hervorhebt, indem er sie in der Mitte der Reihe der aufgezählten Bäume nennt.

Gott möchte, dass jeder Mensch dieses neue Paradies sieht. Aber was konnte man wirklich sehen? Man müsste in den Geschichtsbüchern Hinweise darauf finden, wenn tatsächlich Quellen wundersam hervorgesprudelt und am Weg der vorbeiziehenden Israeliten Bäume gewachsen wären, die vor Begeisterung „in die Hände geklatscht" hätten, wie es beim Propheten Jesaja heißt (55,12).

Die poetische Ausdrucksweise dieser Zeilen erfordert eine weniger wörtliche, sondern viel subtilere Auslegung. Das Entscheidende kommt zum Schluss, wenn es heißt, dass Gott all dies geschaffen hat. Gott rettet sein Volk, indem er schöpferisch handelt. Mit anderen Worten: Gott ist schöpferisch, um zu retten – „heilbringend sind die Geschöpfe der Welt." (Weisheit 1,14)

Diese Wüste, die Gott in eine Oase verwandelt, ist nicht nur die Wüste zwischen Babylon und Jerusalem, sondern die gesamte bewohnte Erde. Alle Menschen sollen verstehen, dass die wohltuende Schönheit der Schöpfung nicht nur Dekoration ist, sondern Ausdruck der Güte Gottes. Wir finden das Heil nicht, indem wir vor der Welt davonlaufen und uns aus ihr zurückziehen, sondern indem wir in Gottes Garten wie Menschen wohnen, deren Hunger gestillt wird.

- Wo sehe ich, dass Gott am Werk ist und uns zu Hilfe kommt? Kann ich dies auch in mir und in anderen sehen oder in der Schöpfung, die uns umgibt: in den Quellen, den Bäumen ...?
- Wenn Gott rettet, indem er Neues schafft, und wenn die Schöpfung das Heil in sich trägt, welche Haltung sollen wir dann den Geschöpfen gegenüber einnehmen?

## Der Gott der Barmherzigkeit

Jesaja 55,6–9

*Sucht den Herrn, er lässt sich finden, ruft ihn an, er ist nah! Der Frevler soll seinen Weg verlassen, der Übeltäter seine Pläne. Er kehre um zum Herrn, damit er Erbarmen hat mit ihm, und zu unserem Gott; denn er ist groß im Verzeihen. Meine Gedanken sind nicht eure Gedanken und eure Wege sind nicht meine Wege – Spruch des Herrn. So hoch der Himmel über der Erde ist, so hoch erhaben sind meine Wege über eure Wege und meine Gedanken über eure Gedanken.* ■

Für viele Menschen ist der Gott, der uns im Alten Testament begegnet, ein strenger und erbarmungsloser Richter, der die Menschen für jede Übertretung seiner Gebote bestraft. Deshalb unterscheiden viele Menschen zwischen diesem Gott und dem Gott, den Jesus uns geoffenbart hat: einem barmherzigen Vater, der sich um uns kümmert und uns seine Liebe und Zuneigung schenkt.

Wer die Bibel aufmerksam liest, wird feststellen, dass dieser Gegensatz falsch ist. Der Gott, der sich dem Volk Israel zu erkennen gegeben hat, ist derselbe, von dem Jesus spricht und den er durch seine Taten bezeugt. Worum es in dieser Beziehung mit Gott geht, kommt besonders gut im Bericht vom Exodus zum Ausdruck, in dem beschrieben wird, wie Gott sich einer Gruppe von Sklaven annimmt, die fern von ihrer Heimat leben. Er befreit sie aus ihrer Unterdrückung und führt sie in ein fruchtbares Land, in dem sie in Freiheit leben können. Es wird ein Gott beschrieben, der den Schrei der Armen hört, der will, dass die Menschen die Fülle des Lebens haben und das Glück finden. Es ist also von einem Gott die Rede, der stets Neues vollbringt, um die Fesseln zu sprengen, die uns gefangen halten. Mit einem Wort: ein Gott der Zuneigung und Barmherzigkeit.

Im vorliegenden Text erklärt der Prophet Jesaja, dass Gott sich gerade darin von den Menschen unterscheidet. Menschen lehnen besonders dann andere ab, wenn sie sich selbst abgelehnt fühlen. Es fällt uns schwer, denen zu vergeben, die uns verletzt haben. Aber der Prophet macht deutlich, dass Gott nicht so denkt wie wir. Den, der seine Fehler bekennt und zu Gott zurückkehrt, nimmt Gott immer wieder auf. Wir können unsere Beziehung mit Gott jedes Mal neu beginnen. Das bezeichnen wir als Vergebung.

Gott handelt so, weil sein Verhalten durch nichts bedingt ist und schon gar nicht durch das Verhalten seines Gegenübers. Gott ist die Quelle des Lebens; er trägt die Kraft der Liebe in sich, um dem Bösen mit Gutem zu begegnen. Die christlichen Denker der ersten Jahrhunderte haben dies mit einem etwas schwer verständlichen Ausdruck beschrieben: Sie sagten, Gott sei „leidenschaftslos“.

Dies bedeutet nicht, Gott stünde dem menschlichen Schmerz gleichgültig gegenüber und das Leiden seiner Schöpfung würde ihm nichts ausmachen. Dies wäre sogar eine große Gotteslästerung, die nichts mit dem Gott zu tun hat, den wir aus der Bibel kennen. In Wirklichkeit besagt die etwas eigenartige Formulierung, wie sehr Gott das menschliche Denken und Handeln übersteigt. Es soll gezeigt werden, dass Gott – was immer wir tun – uns niemals seine Liebe versagt. Wir dagegen werden vom Verhalten anderer beeinflusst; unsere guten Vorsätze schmelzen wie Eis in der Sonne, sobald wir uns abgelehnt fühlen. Gott ist sich selbst treu; er ist ein auf immer barmherziger Gott. Er liebt auch dann, wenn seine Liebe auf Gleichgültigkeit oder Ablehnung stößt. Frère Roger sagte oft: „Gott kann nur lieben."

Diese Treue Gottes zu allem, was ist, ist eine Quelle des Trostes: Es gibt einen Felsen, der uns in jeder Lage Halt gibt. In einer Welt, in der alles in Bewegung zu sein scheint und in der wir nicht mit Sicherheit wissen, wo wir Glück und Sinn finden, gibt es jemanden, an den wir uns wenden können, und von dem wir wissen, dass er uns mit Freude empfängt. Im Gleichnis vom verlorenen Sohn (Lukas 15,11ff.) läuft der Vater seinem Sohn entgegen und fällt ihm um den Hals, obwohl dieser die Hälfte des Familienvermögens verschleudert hat. Der Vater sieht in seinem Sohn trotz all der Verirrungen nichts als sein geliebtes Kind, „das tot war und wieder lebt".

Wo begegnen wir diesem barmherzigen Gott? Jesus sagt: „Kommt alle zu mir, die ihr mühselig und beladen seid! Ich will euch erquicken." (Matthäus 11,28) Jesus offenbart uns in Fülle den Gott, der niemals aufhört, Gutes zu tun, und jedem einen Neuanfang ermöglicht, der sich ihm zuwendet.

- Was ändert sich für mich, wenn ich begreife, dass Gott mir stets aufs Neue mit Liebe und Freude begegnet?
- Was bedeutet es konkret, „mich Gott zuzuwenden“ bzw. „ihn anzurufen“? Wie und wo kann ich Gott finden?

## Religion und Glaube

Jeremia 7,1–11

*Das Wort, das vom Herrn an Jeremia erging: „Stell dich an das Tor des Hauses des Herrn! Dort ruf dieses Wort aus und sprich: ‚Hört das Wort des Herrn, ganz Juda, alle, die ihr durch diese Tore kommt, um euch vor dem Herrn niederzuwerfen!‘ So spricht der Herr der Heerscharen, der Gott Israels: ‚Bessert euer Verhalten und euer Tun, dann will ich bei euch wohnen hier an diesem Ort!‘ Vertraut nicht auf die trügerischen Worte: ‚Der Tempel des Herrn, der Tempel des Herrn, der Tempel des Herrn ist dies!‘ Denn nur wenn ihr euer Verhalten und euer Tun von Grund auf bessert, wenn ihr wirklich gerecht entscheidet im Rechtsstreit, wenn ihr die Fremden, die Waisen und Witwen nicht unterdrückt, unschuldiges Blut an diesem Ort nicht vergießt und nicht anderen Göttern nachlauft zu eurem eigenen Schaden, dann will ich bei euch wohnen hier an diesem Ort, in dem Land, das ich euren Vätern gegeben habe von ewig und auf ewig. Freilich, ihr vertraut auf die trügerischen Worte, die nichts nützen. Was noch? Stehlen, morden, die Ehe brechen, falsch schwören, dem Baal opfern und anderen Göttern nachlaufen, die ihr nicht kennt – und ihr kommt und tretet vor mein Angesicht in diesem Haus, über dem mein Name ausgerufen ist, und sagt: ‚Wir sind geborgen!‘, um dann weiter alle jene Gräuel zu treiben. Ist denn dieses Haus, über dem mein Name ausgerufen ist, in euren Augen eine Räuber-*

*höhle geworden? Auch ich, siehe, ich habe es gesehen – Spruch des Herrn.“* ■

Zur Zeit des Propheten Jeremia, sechshundert Jahre vor unserer Zeitrechnung, war die kleine Nation Juda von allen Seiten eingekesselt und suchte ihre Sicherheit in zwei Verheißungen des Herrn. Die erste Verheißung bezog sich auf die heilige Stadt Jerusalem. Sie war von König David gegründet worden, dessen Nachkommen dank eines „ewigen Bundes“ (2 Samuel 23,5) immer noch regierten; man hielt die Stadt für uneinnehmbar: „Gott ist in ihrer Mitte, sie wird nicht wanken; Gott hilft ihr, wenn der Morgen anbricht.“ (vgl. Psalm 46,6)

Zudem stand in ihr der Tempel Salomons, das „Haus des Herrn“ und niemand hätte sich vorstellen können, dass Gott seine eigene Wohnstätte inmitten des Volkes aufgeben würde. So fühlte man sich vor allen Gefahren sicher.

Aber diese Verheißungen waren Teil eines größeren Ganzen, einer Beziehung zu Gott, die als „Bund“ bezeichnet wird. In ihm hatte sich Gott verpflichtet, für das Volk Israel zu sorgen, das im Gegenzug versprochen hatte, auf Gottes Wort zu hören, es zu befolgen (vgl. Exodus 19,1–9) und die Gebote, die sogenannten „Zehn Worte“ (Exodus 20), zu halten. Außerhalb dieses Bundes waren die Verheißungen Gottes bedeutungslos geworden; sie wurden zu Worthülsen, wenn nicht sogar zu falschen Versprechungen.

Darum wurde Jeremia eines Tages aufgetragen, sich neben das Tor des Tempels zu stellen. Indem er die Eintretenden ansah, wollte er ihnen die Illusion nehmen, dass ein Gebäude – und sei es das Haus Gottes – an sich schon die Rettung bringen würde. Seine Botschaft lautete: Wenn du dich nicht als wahres Mitglied des Volkes Gottes erweist, dem einen Gott treu bleibst und in Solidarität und Gerechtigkeit mit deinem Nächsten lebst, dann sind religiöse Bekenntnisse bedeutungslos. Ja, schlimmer noch, sie sind Gotteslästerungen, weil sie andere daran hindern, den lebendigen Gott zu finden (s. Ezechiel 36).

Es überrascht nicht, dass Jeremia im Anschluss daran festgenommen wurde und ihm der Tod drohte (vgl. Jeremia 26). Jeremia verteidigte sich nicht, sondern stellte lediglich fest, im Namen Gottes zu handeln. Jahrhunderte später sollte ein anderer Israelit u. a. deshalb zum Tode verurteilt werden, weil er sich über den Kult im Tempel, den man zu einer „Räuberhöhle" gemacht hatte, empörte (Jeremia 7,11; Matthäus 21,13). Die Bibel zeigt uns also, dass die Trennung zwischen Frömmigkeit und einer authentischen Suche nach dem lebendigen Gott so weit führen kann, dass die Religion zum Feind eines wahrhaftig gelebten Glaubens wird.

- ➜ Worauf beruht mein Vertrauen auf Gott? Was kann ich tun, damit Gott mir nahe bleibt?
- ➜ Wie können wir uns selbst besser verstehen, und wie können andere verstehen, welche Konsequenzen der Glaube für unser tägliches Leben hat?

## Hoffnung für die Zukunft

Jeremia 29,1–14

*Das ist der Wortlaut des Briefes, den der Prophet Jeremia aus Jerusalem an den Rest der Ältesten der Verbannten, an die Priester, die Propheten und das ganze Volk sandte, das Nebukadnezzar von Jerusalem nach Babel verschleppt hatte, nachdem der König Jojachin, die Herrin, die Hofbeamten, die Fürsten von Juda und Jerusalem sowie die Schmiede und Schlosser aus Jerusalem fortgezogen waren; er schickte den Brief durch Elasa, den Sohn Schafans, und Gemarja, den Sohn Hilkijas, die Zidkija, der König von Juda, nach Babel zu Nebukadnezzar, dem König von Babel, sandte: „So spricht der Herr der Heerscharen, der Gott Israels, zu allen Verbannten, die ich von Jerusalem nach Babel weggeführt habe: Baut Häuser und wohnt darin, pflanzt Gärten und esst ihre Früchte! Nehmt euch Frauen und zeugt Söhne und Töchter, nehmt für eure Söhne Frauen und gebt eure Töchter Männern, damit sie Söhne und Töchter gebären! Ihr sollt euch dort vermehren und nicht vermindern. Suchet das Wohl der Stadt, in die ich euch weggeführt habe, und betet für sie zum Herrn; denn in ihrem Wohl liegt euer Wohl!*

*Denn so spricht der Herr der Heerscharen, der Gott Israels: Eure Propheten, die unter euch sind, und eure Wahrsager sollen euch nicht täuschen. Hört nicht auf die Träume, die ihr sie träumen lasst! Denn Lüge prophezeien sie euch in meinem Namen; ich habe sie nicht gesandt – Spruch des Herrn. Ja, so spricht der Herr: Wenn siebzig Jahre für Babel vorüber sind, dann werde ich euch heimsuchen, mein Heilswort an euch erfüllen, um euch an diesen Ort zurückzuführen. Denn ich, ich kenne die Gedanken, die ich für euch denke – Spruch des Herrn –, Gedanken des Heils und nicht des Unheils; denn ich will euch eine Zukunft und eine Hoffnung geben. Ihr werdet mich anrufen, ihr werdet kommen und zu mir beten und ich werde euch erhören. Ihr werdet mich suchen und ihr werdet mich finden, wenn ihr nach mir fragt von ganzem Herzen. Und ich lasse mich von euch finden – Spruch des Herrn – und ich wende euer Geschick und sammle euch aus allen Völkern und von allen Orten, wohin ich euch versprengt habe – Spruch des Herrn. Ich bringe euch an den Ort zurück, von dem ich euch weggeführt habe."* ■

An den siegreichen Truppen Babylons vorbei, verlässt im Jahr 597 vor Christus ein langer Zug von Menschen Jerusalem und zieht ins Exil. Unter den Verbannten befindet sich auch König Jojachin, die Königinmutter, Hofbeamte und Handwerker (2 Könige 24,8–17). König Nebukadnezzar von Babylon steht auf dem Höhepunkt seiner Macht; ein Volk nach dem andern wird seinem Reich eingegliedert. Elf Jahre später – im Jahr 586 – werden nach einem blutig niedergeschlagenen Aufstand der Tempel und ein Großteil von Jerusalem zerstört. Ein zweites Mal muss eine große Zahl von Menschen nach Babylon ins Exil ziehen (2 Könige 25,1–21).

Bereits im Jahr 627 hatte Jeremia, ein junger Mann aus der Priesterfamilie einer Kleinstadt unweit von Jerusalem, zum ersten Mal das Volk aufgerufen, seinen Lebenswandel zu ändern und zum Herrn zurückzukehren; sonst würde, wie er sagte, ein großes Unglück über das Land hereinbrechen. Doch die Menschen im Königreich Juda lebten damals in relativem Frieden, und nichts ließ eine Gefahr erahnen. So blieben Jeremias Worte unbeachtet. Wenig später ändert sich die politische Lage jedoch: Babylonien wird immer mächtiger und bedroht Juda und die umliegenden Königreiche. Jeremias Botschaft bekommt auf einmal eine dramatische Bedeutung; eine vernichtende Niederlage gegen Babylon steht bevor. Doch Jeremia sagt, dies sei der Wille Gottes – es gebe keinen Ausweg. Bisher war Jeremia in den Augen der Menschen nur ein Störenfried gewesen, jetzt aber sieht man in ihm einen Verräter und misshandelt ihn auf brutale Weise.

Dennoch wendet sich Jeremia sehr bald in einem Brief an die erste Gruppe der Exilierten, und spricht, so unglaublich es klingen mag, von Zukunft und Hoffnung. Er fordert seine Landsleute im Namen Gottes auf, sich in Babylon – inmitten ihrer Feinde – häuslich niederzulassen und Familien zu gründen. Das Wohlergehen ihrer neuen Stadt sei auch ihr eigenes Wohlergehen; sie sollen sich also für ihre neue Umgebung einsetzen und sogar für die Menschen dort beten. – Man kann sich vorstellen, wie die Menschen im Exil auf diesen Brief reagiert haben: Wer in ihrer Lage nicht jede Hoffnung aufgegeben hatte, würde – wenn überhaupt – vielleicht für Jerusalem beten, aber niemals für Babylon!

Doch Jeremia schreibt im Namen des Herrn: „Eure Propheten, die unter euch sind, und eure Wahrsager sollen euch nicht täuschen. Hört nicht auf die Träume, die ihr sie träumen lasst! Denn Lüge prophezeien sie euch in meinem Namen; ich habe sie nicht gesandt." Die selbsternannten Propheten führen nur in die Irre, indem sie eine baldige Rückkehr nach Hause versprechen. Keine fremde Macht kommt euch zu Hilfe; gebt euch keiner falschen Hoffnung hin! Es wird siebzig Jahre dauern, bis ihr zurückkehren könnt. – Dies soll keine exakte Vorhersage sein. Von „siebzig Jahren" ist in der Bibel mehrfach die Rede, um die Dauer eines Menschenlebens zu bezeichnen. Die Verschleppten erhalten mit diesen Worten den Auftrag, ihren Nachkommen eine Zukunft aufzubauen. Gott versichert ihnen, dass er nur Gutes im Sinn hat: „Ich kenne die Gedanken, die ich für euch denke – Spruch des Herrn –, Gedanken des Heils und nicht des Unheils; denn ich will euch eine Zukunft und eine Hoffnung geben."

Im folgenden Abschnitt des Briefes wird nun tatsächlich eine Rückkehr der Verschleppten nach Jerusalem erwähnt und es könnte auf den ersten Blick so klingen, als läge die alleinige Hoffnung des Volkes doch in einer Rückkehr in die Vergangenheit, in das frühere Leben. Aber beim aufmerksamen Lesen erkennt man, worin die entscheidende Veränderung besteht: *„Ihr werdet mich suchen und ihr werdet mich finden, wenn ihr nach mir fragt von ganzem Herzen. Und ich lasse mich von euch finden – Spruch des Herrn."* (Jeremia 29,13) Die Hoffnung liegt in einem neuen, ungeteilten Herzen (siehe auch Jeremia 24,5–7).

Jeremia hatte zeitlebens erfahren, dass sein Ruf, dem Willen Gottes zu gehorchen, verhallt: „Ich weiß, Herr, dass der Mensch seinen Weg nicht zu bestimmen vermag, dass keiner beim Gehen seinen Schritt lenken kann." (Jeremia 10,23) Nun erkennt er, dass Gott – und nur er – unser Herz ändern kann. Im Kapitel 31 (Verse 31–34) spricht Jeremia von einem „neuen Bund", von einer Zeit, in der das Volk den Willen Gottes tun wird. Dann wird Gott seinen Willen direkt „in ihr Herz geben und in ihren Sinn schreiben". Fünfhundert Jahre später werden sich die Christen an diese Vision des Propheten erinnern und über Christus und über den neuen Weg staunen, den er ihnen auftut.

- ➔ Was überrascht mich in diesem Brief an die Menschen im Exil am meisten? Warum?
- ➔ Wie würde ich die Hoffnung des Propheten Jeremia mit eigenen Worten beschreiben? Worin unterscheidet sich seine Hoffnung von dem, wie ich sie verstehe?
- ➔ An welche Stelle aus dem Neuen Testament erinnert mich der Brief des Propheten Jeremia?

# Jesus, Herodes, die Sterndeuter und wir

Matthäus 2,1–12

*Als Jesus zur Zeit des Königs Herodes in Betlehem in Judäa geboren worden war, siehe, da kamen Sterndeuter aus dem Osten nach Jerusalem und fragten: „Wo ist der neugeborene König der Juden? Wir haben seinen Stern aufgehen sehen und sind gekommen, um ihm zu huldigen." Als König Herodes das hörte, erschrak er und mit ihm ganz Jerusalem. Er ließ alle Hohepriester und Schriftgelehrten des Volkes zusammenkommen und erkundigte sich bei ihnen, wo der Christus geboren werden solle. Sie antworteten ihm: „In Betlehem in Judäa; denn so steht es geschrieben bei dem Propheten: ‚Du, Betlehem im Gebiet von Juda, bist keineswegs die unbedeutendste unter den führenden Städten von Juda; denn aus dir wird ein Fürst hervorgehen, der Hirt meines Volkes Israel.'" Danach rief Herodes die Sterndeuter heimlich zu sich und ließ sich von ihnen genau sagen, wann der Stern erschienen war. Dann schickte er sie nach Betlehem und sagte: „Geht und forscht sorgfältig nach dem Kind; und wenn ihr es gefunden habt, berichtet mir, damit auch ich hingehe und ihm huldige!" Nach diesen Worten des Königs machten sie sich auf den Weg. Und siehe, der Stern, den sie hatten aufgehen sehen, zog vor ihnen her bis zu dem Ort, wo das Kind war; dort blieb er stehen. Als sie den Stern sahen, wurden sie von sehr großer Freude erfüllt. Sie gingen in das Haus und sahen das Kind und Maria, seine Mutter; da fielen sie nieder und huldigten ihm. Dann holten sie ihre Schätze hervor und brachten ihm Gold, Weihrauch und Myrrhe als Gaben dar. Weil ihnen aber im Traum geboten wurde, nicht zu Herodes zurückzukehren, zogen sie auf einem anderen Weg heim in ihr Land.* ■

Nach dem Stammbaum Jesu und dem Traum Josefs im ersten Kapitel des Matthäusevangeliums, berichtet das zweite Kapitel des Matthäusevangeliums von der Geburt Jesu und stellt uns zwei unterschiedliche Personengruppen vor: zum einen König Herodes, die Hohepriester und Schriftgelehrten in Jerusalem und zum anderen die Sterndeuter, eine geheimnisvolle Reisegruppe aus dem Osten. Herodes ist beunruhigt, als er hört, dass diese Fremden nach einem neugeborenen König der Juden suchen, und fragt sie über den potenziellen Rivalen aus. Ein Netz von Eifersucht und Intrigen spannt sich. Herodes ist ein Heuchler; die Haltung der Hohepriester und Schriftgelehrten dagegen lässt sich nicht so leicht einordnen: Warum helfen sie Herodes, Jesus ausfindig zu machen? Ist es Unterwürfigkeit und Naivität, oder sind sie Christus bereits zu diesem Zeitpunkt feindlich gesonnen?

Die Sterndeuter sind aufrichtig. Sie durchschauen die Hintergedanken des Herodes und seiner Berater nicht, sondern sehen nur das kleine Licht, das in der Dunkelheit leuchtet, und sie suchen den neugeborenen König. Sie nehmen alles auf sich, um ihm zu huldigen. Man weiß wenig darüber, wer diese Personen waren. Oft werden sie als Könige bezeichnet, doch das hier gebrauchte griechische Wort hat mehrere Bedeutungen, die nichts mit einem König zu tun haben; es kann sich genauso gut auf persische Priester oder Magier beziehen. Man geht heutzutage davon aus, dass die östlichen Nachbarvölker wussten, dass man in Juda einen Messias erwartete. Es ist auch bekannt, dass man sich in dieser Gegend mit Astronomie beschäftigte: Hat vielleicht ein ungewöhnliches Phänomen am Nachthimmel die Aufmerksamkeit bestimmter Kreise erregt, sodass eine Handvoll Menschen nach Jerusalem aufgebrochen ist? Der Hinweis, dass bereits sehr früh Menschen aus anderen Ländern und Religionen zu Jesus kommen, soll andeuten, dass in Christus Gott zu allen Menschen spricht. Es ist ebenfalls interessant, dass die Sterndeuter ausgerechnet von Herodes nach Bethlehem geschickt werden. Es ist also der erschrockene König selbst, der den Sterndeutern den letzten Teil ihres Wegs zu Jesus zeigt.

Bei ihrer Ankunft in Bethlehem sind die Sterndeuter „von sehr großer Freude erfüllt". Solche Worte erinnern an den Propheten Jesaja: „Das Volk, das in der Finsternis ging, sah ein helles Licht; über denen, die im Land des Todesschattens wohnten, strahlte ein Licht auf. Du (...) schenktest große Freude. Man freute sich vor deinem Angesicht ..." (Jesaja 9,1–2a) Die Reisenden aus dem Osten haben aufwändige Geschenke dabei und verneigen sich vor dem Kind wie vor einem König. Die Grenzen des Volkes Gottes werden weit. Eine unsagbare Freude ist nun allen geschenkt, sie ist bereits mitten unter uns.

- → Welchen Eindruck macht Herodes auf mich? Wie verstehe ich die Haltung der Hohepriester und Schriftgelehrten? Kann ich mich mit den Sterndeutern identifizieren, oder fällt es mir schwer, sie einzuordnen?
- → Die Sterndeuter machen sich wegen eines kleinen Lichts auf den Weg, das in der Nacht leuchtet, und gelangen nach einem Zwischenhalt in Jerusalem ans Ziel. Wie wurde ich zu Jesus geführt?
- → Welches Detail bei der Ankunft der Sterndeuter in Bethlehem und ihrer Huldigung Jesu beeindruckt mich am meisten?

## Die ersten Jünger Jesu

Johannes 1,35–42

*Am Tag darauf stand Johannes wieder dort und zwei seiner Jünger standen bei ihm. Als Jesus vorüberging, richtete Johannes seinen Blick auf ihn und sagte: „Seht, das Lamm Gottes!" Die beiden Jünger hörten, was er sagte, und folgten Jesus. Jesus aber wandte sich um, und als er sah, dass sie ihm folgten, sagte er zu ihnen: „Was sucht ihr?" Sie sagten zu ihm: „Rabbi – das heißt übersetzt: Meister –, wo wohnst du?" Er sagte zu ihnen: „Kommt und seht!" Da kamen sie mit und sahen, wo er wohnte, und blieben jenen Tag bei ihm; es war um die zehnte Stunde. Andreas, der Bruder des Simon Petrus, war einer der beiden, die das Wort des Johannes gehört hatten und Jesus gefolgt waren. Dieser traf zuerst seinen Bruder Simon und sagte zu ihm: „Wir haben den Messias gefunden"– das heißt übersetzt: Christus. Er führte ihn zu Jesus. Jesus blickte ihn an und sagte: „Du bist Simon, der Sohn des Johannes, du sollst Kephas heißen", das bedeutet: Petrus, Fels.* ■

Johannes der Täufer sieht Jesus vorbeigehen und sagt: „Seht, das Lamm Gottes!" Daraufhin verlassen ihn zwei seiner Jünger und folgen Jesus. Dieser dreht sich um und möchte wissen, warum sie ihm folgen.

Jesus vereinnahmt die beiden nicht, sondern lässt ihnen Zeit, bevor er sie zu seinen Jüngern macht. Er fragt sie: „Was wollt ihr?“, bzw. „Was sucht ihr?“ Diese Frage können auch wir uns als Jünger Jesu immer wieder stellen. In jedem wichtigen Moment des Lebens muss man sich fragen, wonach man eigentlich sucht, worum es einem geht.

Die Antwort der beiden Jünger wirkt etwas unbeholfen, fast kindlich: „Rabbi, wo wohnst du?“ Wollen sie wirklich nur wissen, wo Jesus wohnt? Natürlich reagiert man in einer solchen Situation schüchtern, so als ob man das, wonach man sich sehnt, nicht in Worte fassen kann. Doch Jesus lässt sich die beiden ganz einfach selbst ein Bild machen. Sie besuchen ihn und „blieben jenen Tag bei ihm – es war um die zehnte Stunde“, also etwa vier Uhr nachmittags.

Der Begriff „wohnen“ hat in diesem Zusammenhang eine besondere Bedeutung. Die Jünger fragten nicht nach der Adresse Jesu, sie wollten auch nicht nur für ein paar Minuten seine Wohnung sehen. Genauso wenig wollten sie wissen, was sie von Jesus lernen können. Es kam den Jüngern lediglich darauf an, zu ihm „nach Hause“ zu gehen und so lange wie möglich bei ihm zu sein. Sie wollten ihn kennenlernen.

Auf keinen Fall hatten sie es auf irgendeinen Vorteil abgesehen. Ihre spontane und unbeholfene Antwort bringt auf wunderbare Weise zum Ausdruck, wie wenig es ihnen um etwas Bestimmtes ging. Sie wollten einzig und allein mit ihm zusammen sein. Diese Begegnung also steht am Anfang ihres gemeinsamen Lebens.

Andreas, einer der beiden Jünger, erzählte seinem Bruder Simon von seiner Entdeckung. Als Jesus Simon kennenlernt, gibt er ihm als Erstes einen neuen Namen. Dem Evangelisten zufolge hat das Leben des Simon von diesem Moment an eine neue Bedeutung. Wer sich darauf einlässt, das Leben Jesu zu teilen, gehört nicht mehr sich selbst.

- → Wonach suche ich, wenn ich Jesus nachfolgen möchte? Hat sich das, wonach ich suche, im Lauf der Jahre verändert?
- → Wie kann man heute bei Jesus „wohnen“?
- → Wie hat der Glaube mein eigenes Leben verändert?

## Auf Christus schauen

Lukas 4,16–30

*Jesus kam auch nach Nazaret, wo er aufgewachsen war, und ging, wie gewohnt, am Sabbat in die Synagoge. Als er aufstand, um vorzulesen, reichte man ihm die Buchrolle des Propheten Jesaja. Er öffnete sie und fand die Stelle, wo geschrieben steht: „Der Geist des Herrn ruht auf mir; denn er hat mich gesalbt. Er hat mich gesandt, damit ich den Armen eine frohe Botschaft bringe; damit ich den Gefangenen die Entlassung verkünde und den Blinden das Augenlicht; damit ich die Zerschlagenen in Freiheit setze und ein Gnadenjahr des Herrn ausrufe." Dann schloss er die Buchrolle, gab sie dem Synagogendiener und setzte sich. Die Augen aller in der Synagoge waren auf ihn gerichtet. Da begann er, ihnen darzulegen: „Heute hat sich das Schriftwort, das ihr eben gehört habt, erfüllt."*

*Alle stimmten ihm zu; sie staunten über die Worte der Gnade, die aus seinem Mund hervorgingen, und sagten: „Ist das nicht Josefs Sohn?" Da entgegnete er ihnen: „Sicher werdet ihr mir das Sprichwort vorhalten: Arzt, heile dich selbst! Wenn du in Kafarnaum so große Dinge getan hast, wie wir gehört haben, dann tu sie auch hier in deiner Heimat!" Und er setzte hinzu: „Amen, ich sage euch: Kein Prophet wird in seiner Heimat anerkannt. Wahrhaftig, das sage ich euch: In Israel gab es viele Witwen in den Tagen des Elija, als der Himmel für drei Jahre und sechs Monate verschlossen war und eine große Hungersnot über das ganze Land kam. Aber zu keiner von ihnen wurde Elija gesandt, nur zu einer Witwe in Sarepta bei Sidon. Und viele Aussätzige gab es in Israel zur Zeit des Propheten Elischa. Aber keiner von ihnen wurde geheilt, nur der Syrer Naaman." Als die Leute in der Synagoge das hörten, gerieten sie alle in Wut. Sie sprangen auf und trieben Jesus zur Stadt hinaus; sie brachten ihn an den Abhang des Berges, auf dem ihre Stadt erbaut war, und wollten ihn hinabstürzen. Er aber schritt mitten durch sie hindurch und ging weg.* ■

Dieser kurze Bericht über den Besuch Jesu in seiner Heimatstadt klingt verstörend: Wie konnte es zu einer so schlagartigen Wendung kommen? Kurz zuvor hatte man Jesus noch bestaunt; jetzt wird er fast umgebracht. Das ganze Volk erwartet den Messias (Lukas 3,15), der Gemeinschaft mit Gott und unter den Menschen stiften soll. Sein Ruf eilt Jesus voraus – man spricht darüber, dass er heilt und dass sich die Ärmsten der Gesellschaft ihm nahefühlen. Dies war sicher auch in Nazaret der Fall, der Heimatstadt Jesu, in der er ebenfalls die gute Nachricht vom Reich Gottes verkünden wollte.

Nachdem Jesus aus dem Buch des Propheten Jesaja vorgelesen hat, gehen den Anwesenden in der Synagoge die Augen auf: Sie erkennen in Jesus den von den Propheten und von Johannes dem Täufer angekündigten Messias. Jesus selbst bestätigt dies: „Heute hat sich das Schriftwort, das ihr eben gehört habt, erfüllt." Menschen, die in der Bibel Gott begegnen, staunen jedes Mal. Geht es nicht auch uns selbst manchmal so, wenn wir in einer Begegnung plötzlich etwas von der Gegenwart Gottes spüren?

Doch kurz drauf bringt eine Zwischenfrage die Situation zum Kippen: „Ist das nicht der Sohn Josefs?“ Anstatt sich über die Gegenwart Gottes zu freuen, kommt unter den Anwesenden Zweifel auf: Ist dieser Jesus nicht einer von uns, ein Mann aus dem einfachen Volk, der weggezogen war und nun als bekannte Persönlichkeit wieder zurückkommt? Warum ausgerechnet er? Ist er überhaupt noch einer von uns?

Damals wie heute ziehen wir oft unbewusst Vergleiche und grenzen uns von den anderen ab: von unseren Nachbarn, von den Bewohnern der Nachbarstadt, innerhalb der Familie, am Arbeitsplatz oder im Freundeskreis. Damit legen wir fest, wer zu uns gehört und wer nicht. Das schafft klare Grenzen und damit Sicherheit; es schweißt zusammen. Sobald sich die Augen von Jesus abwenden, beginnen die Menschen sich zu vergleichen. Ihre Identität scheint durch diesen Jesus bedroht, und deshalb wollen sie ihn beseitigen.

Mit Beispielen aus der Bibel erklärt Jesus, dass die von Gott gestiftete Gemeinschaft anders entsteht. Gott selbst wird Mensch, er kommt so nahe zu uns wie der Sohn des Nachbarn Josef, und öffnet uns damit einen Weg der Gemeinschaft. Er überwindet die von den Menschen errichteten Mauern und stellt die Ordnung einer Gesellschaft in Frage, in der das „wir“ durch die Abgrenzung von „anderen“ definiert ist.

Um immer mehr zu Menschen der Gemeinschaft zu werden, lädt uns der Text ein, unseren Blick voll Staunen auf Christus zu richten. Dann sehen wir uns selbst und unsere Mitmenschen mit anderen Augen. Wir entdecken, dass Gemeinschaft nicht dadurch entsteht, dass wir uns von anderen absetzen, sondern dadurch, dass Christus uns zusammenführt.

- → Wie sehen wir uns selbst und die anderen? Warum vergleichen wir uns so oft mit anderen?
- → Was hält unsere Gemeinschaften zusammen? Was spaltet sie?
- → Was lenkt meinen Blick von Christus ab? Was hilft mir, immer wieder neu meinen Blick staunend auf Christus zu richten?

## Die Vergebung der Armen

Matthäus 6,12

*Und erlass uns unsere Schulden, wie auch wir sie unseren Schuldnern erlassen haben!* ■

Diese Bitte aus dem Vaterunser unterscheidet sich von den anderen. Es ist eine Bitte an Gott, in der auch von unserem eigenen Tun die Rede ist: „... wie auch wir unseren Schuldnern (die Schuld) erlassen haben" oder „... wie auch wir vergeben". Die erste Übersetzung wird von Exegeten bevorzugt, die zweite ist gängige Praxis. Wer so betet, „präsentiert sich als besonders tugendhaft und fordert Gott, dem nichts fernerliegt als irgendjemanden nachzuahmen, indirekt auf, es ihm gleichzutun", stellte im siebten Jahrhundert *Maximus der Bekenner* mit Erstaunen fest. Aber wer könnte schon von sich behaupten, im Verzeihen so weit zu gehen, dass Gott seinem Beispiel folgen solle? In der Bibel wird doch immer wieder betont, dass wir die Vergebung erst empfangen haben müssen, bevor wir selbst vergeben können: „Wie der Herr euch vergeben hat, so vergebt auch ihr!" (Kolosser 3,13)

Wir können die unendliche Liebe, die Gott uns schenkt, durch unser Verzeihen anderen weitergeben. Warum aber kehrt das Vaterunser diese Reihenfolge um – erst wir, dann Gott? Schauen wir, was wörtlich gesagt ist: „Schulden erlassen“ heißt arm werden. Wenn „vergeben“ so viel heißt wie „Schulden erlassen“, dann bedeutet es zunächst einmal einen Verlust.

Im Kolosserbrief wird von der Vergebung wie von einem unverdienten Geschenk gesprochen: „Durch Gott haben wir die Vergebung der Sünden.“ (vgl. Kolosser 1,14) Jesus gebraucht, wenn er von Vergebung spricht, ein sehr alltägliches Wort, das so viel heißt wie „(er)lassen“, so wie in „Lass das!“ oder „Lass etwas los!“ Mit den Worten „Vergib uns unsere Schuld“ bitten wir Gott, die Schulden, die auf uns lasten, „loszulassen“ und uns frei „gehen zu lassen“. In unserer Armut bitten wir Gott, nichts zu fordern, weil wir in Wirklichkeit gar nichts haben, was wir ihm geben könnten.

Es steht nicht in unserer Macht, das Böse, das man uns angetan hat, auszulöschen. Auch darin zeigt sich unsere Armut: Der Schmerz über das, was wir erlitten haben, bleibt. Wenn wir zu Gott sagen „wie auch wir vergeben unseren Schuldigern“, dann heißt das nicht, dass wir ihm stolz vorhalten: „Schau, wie großherzig wir vergeben!“ Es bedeutet vielmehr, dass wir als arme Menschen zu ihm kommen, die nicht länger auf dem bestehen, was ihnen zusteht.

Manchmal führen wir insgeheim Buch über das, was uns angetan wurde, um zu gegebener Zeit vom anderen „Schadensersatz“ fordern zu können. Auch wenn uns ein solches Aufrechnen Sicherheit vorgaukelt, lähmt sie uns. Um zur Freiheit der Vergebung zu finden, müssen wir loslassen, was uns traurig macht.

→ Was hindert mich daran, zu vergeben?
→ Gibt es Dinge, die ich einfach nicht loslassen kann? Was kann man in solchen Fällen tun?
→ Bin ich bereit, arm zu werden, um die Freiheit und die Freude der Vergebung zu finden?

## Denn eine Kraft ging von ihm aus ...

Lukas 6,12–20

*Es geschah aber in diesen Tagen, dass Jesus auf einen Berg ging, um zu beten. Und er verbrachte die ganze Nacht im Gebet zu Gott. Als es Tag wurde, rief er seine Jünger zu sich und wählte aus ihnen zwölf aus; sie nannte er auch Apostel: Simon, den er auch Petrus nannte, und dessen Bruder Andreas, Jakobus, Johannes, Philippus, Bartholomäus, Matthäus, Thomas, Jakobus, den Sohn des Alphäus, Simon, genannt der Zelot, Judas, den Sohn des Jakobus, und Judas Iskariot, der zum Verräter wurde. Jesus stieg mit ihnen den Berg hinab. In der Ebene blieb er mit einer großen Schar seiner Jünger stehen und viele Menschen aus ganz Judäa und Jerusalem und dem Küstengebiet von Tyrus und Sidon waren gekommen, um ihn zu hören und von ihren Krankheiten geheilt zu werden. Und die von unreinen Geistern Geplagten wurden geheilt. Alle Leute versuchten, ihn zu berühren; denn es ging eine Kraft von ihm aus, die alle heilte. Er richtete seine Augen auf seine Jünger und sagte: „Selig, ihr Armen, denn euch gehört das Reich Gottes.“* ■

Jesus stieg über Nacht auf einen Berg. Am frühen Morgen scheint er eine Entscheidung getroffen zu haben: Er ruft einige seiner Jünger zu sich und nennt sie von nun an Apostel. Dann steigt er mit ihnen in die Ebene hinab.

Jesus verlässt die ihm vertraute Nähe Gottes auf dem Berg und begibt sich zu den Menschen ins Tal. Warum ausgerechnet dorthin, in die „Ebene“?

Es war ein abgelegener Ort, an dem drei verschiedene Gruppen von Menschen zusammengekommen waren: die Apostel, die Jünger und die „Leute“. Diese Ebene wird durch Jesus, der zu den Menschen spricht und sie heilt, zu einem Ort der Begegnung. An diesem Ort stehen Juden und Heiden, und sogar von bösen Geistern Besessene nebeneinander. Gleicht dieser Ort nicht dem, was die Christen später „Kirche“ nennen?

Überraschend ist, dass sich Jesus mit den Seligpreisungen ausschließlich an die Jünger wendet und nicht an alle Anwesenden. Verschiedene Menschen versammeln sich, aber es wird ein Unterschied gemacht zwischen zwei Gruppen von Personen, die unterschiedliche Beziehungen zu Jesus haben: Die einen werden durch das Hören des Wortes zu Jüngern bzw. Aposteln, die anderen sind nur da, „um zu hören“, werden aber nicht Jünger genannt. Das Evangelium spricht oft davon, dass die einen zu Jesus „kommen“, während andere ihm „nachfolgen“.

Wer sind diese „Leute“? Sind es Menschen guten Willens? Oder handelt es sich wie im alten Judentum um Neubekehrte oder Gottesfürchtige? Es sind auf jeden Fall Menschen, die sich auf geheimnisvolle Weise zu Jesus hingezogen fühlen – sei es durch seine Worte oder durch die von ihm ausgehende Kraft. Anstatt zu beschreiben, was ihnen fehlt, sollten wir darauf achten, was sie mit den anderen gemeinsam haben: „Alle Leute versuchten, ihn zu berühren; denn es ging eine Kraft von ihm aus, die alle heilte." Hier in der Ebene kommen alle zusammen – Juden und Heiden, Jünger und zufällig Vorbeikommende. Sie möchten entweder Gott finden (was durch den Berg und die Verkündigung des Wortes angedeutet ist) oder das verwandelte Menschsein sehen (die Heilungen, die durch Jesus geschehen).

Es ist beeindruckend, dass für einen Moment alle zusammen sind: die Jünger, die sich mit Jesus auf den Weg gemacht haben, und all die anderen. Es ist, als ob Jesus zeigen will, dass auch Jüngersein vor allen Dingen darin besteht, anzuerkennen, dass wir – genauso wie alle Menschen – Heilung brauchen. Welche Schule der Demut! In Wirklichkeit werden wir nie erfahren, was die Jünger von den übrigen Menschen unterscheidet. Zumindest sagt der Text nichts darüber aus. Ihre Heilung wird manche Menschen dazu veranlassen, ein Wagnis einzugehen, ihr Leben infrage zu stellen und sich für das Reich Gottes einzusetzen.

Zwei Dinge fallen an Jesus noch auf. Zum einen heißt es: „eine Kraft ging von (Jesus) aus". Die Szene erinnert an die Begegnung mit der Frau, die durch Jesus von ihren Blutungen geheilt wurde (Lukas 8,40–48). Dort weiß Jesus nicht einmal, wer von den Umstehenden durch die von ihm ausgehende Kraft geheilt wurde. Wie können wir diese eigenartige Passivität Jesu, dieses „Geschehenlassen" verstehen? Genaugenommen heilt nicht Jesus, sondern die Kraft, die in ihm ist. Obwohl er der Sohn Gottes ist, scheint er keine Kontrolle über die lebensspendende Energie zu haben, die von ihm ausgeht. Sie kommt von Gott!

Zum anderen wird etwas Bemerkenswertes über den Ort gesagt, an dem sich Jesus befindet. Im griechischen Urtext heißt es: Jesus „richtete seine Augen auf zu seinen Jüngern". Dies kann man so verstehen, dass Jesus nach oben blickt, dass er also tiefer steht als diese. – Der Gesandte Gottes befindet sich unterhalb von denen, deren Armut er seligpreist. Und er steigt immer weiter hinab, bis hin zum Kreuz. Gott sucht die Menschen sogar noch in der tiefsten Tiefe auf. Darin besteht das fast Unglaubliche der Liebe Gottes.

→ Wie kann ich selbst ein „Jünger" werden?
→ Wo könnten „Jünger" und „Leute" heute zusammenkommen? Auf welcher „Ebene" können sie sich begegnen?

## Ströme lebendigen Wassers

Johannes 7,37–39

*Am letzten Tag des Festes, dem großen Tag, stellte sich Jesus hin und rief: „Wer Durst hat, komme zu mir und es trinke, wer an mich glaubt! Wie die Schrift sagt: ‚Aus seinem Inneren werden Ströme von lebendigem Wasser fließen.'" Damit meinte er den Geist, den alle empfangen sollten, die an ihn glauben; denn der Geist war noch nicht gegeben, weil Jesus noch nicht verherrlicht war.* ■

Vor einigen Jahren schrieb Frère Alois einmal: „Wir alle sehnen uns mit unserem ganzen Wesen, mit Leib, Seele und Verstand nach dem Absoluten. In jedem von uns brennt eine Sehnsucht nach Liebe, im Säugling genauso wie in einem alten Menschen. Und selbst eine noch so innige menschliche Vertrautheit kann dieses Verlangen nach Liebe nicht restlos stillen."

Diese Worte sind Trost und Herausforderung zugleich. Jeder von uns kann sich selbst in dieser Erfahrung von Sehnsucht und Durst wiedererkennen. Wir haben alle schon einmal erlebt, wie erfrischend ein Glas kalten Wassers sein kann. Doch wir haben vielleicht auch schon Zeiten eines inneren Durstes, einer tiefen Sehnsucht gespürt nach etwas Größerem als all das, was wir bis dahin empfunden haben. Ein Gefühl der Unzufriedenheit oder sogar der Frustration hinterlässt in uns eine Leere, die umso größer wird, je mehr wir sie auszufüllen versuchen. Am Anfang des fünften Jahrhunderts schrieb Augustinus: „Du hast uns auf dich hin geschaffen, und unruhig ist unser Herz, bis es Ruhe findet in dir." (Aurelius Augustinus, Bekenntnisse I,1,1) Gott legt eine Sehnsucht in uns, die nur von ihm selbst gestillt werden kann.

Im Text spricht Jesus an einem der großen Festtage, an denen sich das Volk daran erinnert, wie es von Gott aus der Knechtschaft befreit wurde und unter der Führung von Moses die Wüste durchquerte. In der Wüste versorgte Gott sein Volk mit Wasser, indem Moses auf einen Felsen schlug und Wasser heraussprudelte. Jesus lud mit lauter Stimme alle ein, die Durst hatten, zu ihm zu kommen. Für ihn beschränkt sich dieser „Durst" nicht auf etwas Bestimmtes; wonach wir auch immer suchen, Jesus begegnet uns in unserer Sehnsucht und er nimmt uns mit unserer Sehnsucht an.

So wie Moses auf einen Felsen schlug und Wasser herauskam, damit das Volk Gottes davon trinken und seine Reise fortsetzen konnte, genauso wird Jesus später selbst geschlagen. Er wird am Kreuz sein Leben hingeben und darin – wie das Johannesevangelium sagt – „erhöht" werden. Jesus wird zeigen, dass Gott die Liebe ist, und zwar eine unbedingte, absolute Liebe. Aus seiner Seite wird Wasser fließen – im Johannesevangelium das Symbol für den Heiligen Geist.

„Gott ist die Liebe" (1 Johannes 4,8), und die Liebe ist seine größte Gabe, die alle anderen Gaben mit einschließt. „Die Liebe Gottes ist ausgegossen in unsere Herzen durch den Heiligen Geist, der uns gegeben ist" (Römer 5,5), wird Paulus später schreiben. Eine Quelle ist etwas anderes als eine Zisterne. Eine Zisterne muss immer wieder aufgefüllt werden, eine Quelle hingegen fließt ständig und ganz von selbst.

Weil Jesus sein Leben am Kreuz hingegeben hat, wird durch die Gegenwart des Heiligen Geistes aus unserer eigenen Leere eine Quelle der Liebe strömen. Liebe ist etwas, das sich verströmt, das uns dazu drängt, das Unsere mit anderen zu teilen; sie führt uns zur Hingabe unseres Lebens für andere.

Und sobald dies beginnt, begegnen wir dem „Absoluten" Christi. Wir entdecken, dass das Absolute, wonach wir uns gesehnt haben, nichts anderes ist, als den Heiligen Geist in uns leben zu lassen. Diese Quelle entspringt unserer eigenen inneren Armut.

→ Kann ich mich an einen Moment in meinem Leben erinnern, als aus einer Frustration ein Gefühl der Fülle wurde? Wodurch wurde dies damals möglich?

→ Wonach sehne ich mich zutiefst? Habe ich den Eindruck, dass meine innere Sehnsucht jemals gestillt werden kann?

## Worte des Lebens

Matthäus 7,24–27

*Jesus sagte: „Jeder, der diese meine Worte hört und danach handelt, ist wie ein kluger Mann, der sein Haus auf Fels baute. Als ein Wolkenbruch kam und die Wassermassen heranfluteten, als die Stürme tobten und an dem Haus rüttelten, da stürzte es nicht ein; denn es war auf Fels gebaut. Und jeder, der diese meine Worte hört und nicht danach handelt, ist ein Tor, der sein Haus auf Sand baute. Als ein Wolkenbruch kam und die Wassermassen heranfluteten, als die Stürme tobten und an dem Haus rüttelten, da stürzte es ein und wurde völlig zerstört."* ■

Dieses Gleichnis ist der Abschluss der „Bergpredigt" (Matthäus 5–7), einem der zentralen Teile der Lehre Jesu. Wie können wir diese „Predigt" verstehen? Als eine Art Ideal, dem wir nacheifern sollen? Als ethische Richtlinie? Als eine Reihe willkürlicher Gebote, die ohne klaren Grund befolgt werden sollen?

Das Gleichnis vergleicht zwei Bauherren; einen, der sich die Mühe macht, ein stabiles Fundament für sein Haus zu legen, und einen zweiten, der die unsichtbaren, aber tragenden Grundmauern seines Hauses weglässt, um schneller fertigzuwerden. Der Unterschied fällt zunächst nicht auf, aber früher oder später zeigt es sich, dass eines der beiden Häuser nur stabil aussieht. Die beiden Bauherren stehen für zwei mögliche Haltungen eines Menschen, der „die Worte Christi hört“: Der eine „setzt die Worte in die Tat um“, während der andere dies nicht tut. Wenn wir unser Handeln an den Worten Christi ausrichten, können wir eine verborgene Stärke finden, eine Sicherheit, die wir anders nicht erreicht hätten.

Dies ist eine Herausforderung und eine Ermutigung zugleich. Was heißt es, „nach Christi Worten zu handeln“? Es bedeutet auf keinen Fall, solange mit dem „Anfangen“ zu warten, bis man alles vom Evangelium verstanden hat. Genauso wenig sollen wir uns an dem festbeißen, was uns unmöglich oder unverständlich erscheint. Wir würden nur steckenbleiben. Wichtig ist, unverzüglich anzufangen, so wenig wir von den Worten Jesu auch begriffen haben und so klein der erste Schritt sein mag. Wenn wir merken, dass wir etwas vergessen oder dass wir gar versagt haben, ist es immer möglich, einfach von Neuem anzufangen, „niemals entmutigt, weil immer vergeben“, wie Frère Roger oft sagte.

Christus weiß, dass wir nicht alles verstehen, und dass unsere Versuche, ihm nachzufolgen, oft sehr armselig sind. Tatsächlich richten sich die ersten Worte der Bergpredigt (Matthäus 5,3) an uns als arme Menschen: „Selig, die arm sind vor Gott, denn ihnen gehört das Himmelreich.“ Das Erste, was er von uns verlangt, ist, dass wir uns von ihm „selig“ nennen lassen.

Christi Worte sind keine Regeln, denen wir uns unterwerfen müssten, sie sind eine Kraft, die unser Leben von innen aufbauen möchte. Diese Kraft können wir nicht entdecken, indem wir seine Worte als äußeres Gesetz verstehen oder sie abstrakt auffassen. Wir sollten vielmehr darauf achten, wo sie in uns etwas zum Schwingen bringen, wie sie ein – auch noch so schwaches – „Ja, das stimmt!“ in uns hervorrufen. Davon können wir uns dann in ganz kleinen Schritten zu dem führen lassen, was wir im Hier und Heute tun können.

- → Worauf verlasse ich mich, um meinem Leben Halt und Sicherheit zu geben?
- → Welche Worte der Bergpredigt (oder andere Worte Christi) bringen in mir etwas zum Schwingen?
- → Wie könnte ich heute anfangen, diese Worte in die Tat umzusetzen? Welchen kleinen, konkreten Schritt könnte ich tun?

## „Der Menschensohn hat keinen Ort, wo er sein Haupt hinlegen kann“

Matthäus 8,18–23

*Als Jesus die Menge sah, die um ihn war, befahl er, ans andere Ufer zu fahren. Da kam ein Schriftgelehrter zu ihm und sagte: „Meister, ich will dir nachfolgen, wohin du auch gehst.“ Jesus antwortete ihm: „Die Füchse haben Höhlen und die Vögel des Himmels Nester; der Menschensohn aber hat keinen Ort, wo er sein Haupt hinlegen kann.“ Ein anderer aber, einer seiner Jünger, sagte zu ihm: „Herr, lass mich zuerst weggehen und meinen Vater begraben.“ Jesus erwiderte: „Folge mir nach; lass die Toten ihre Toten begraben!“ Er stieg in das Boot und seine Jünger folgten ihm nach.* ■

Jesus will gerade aufbrechen und ans andere Ufer des Sees übersetzen. Da halten ihn nacheinander zwei Menschen auf. Jeder möchte ihm auf seine Weise nachfolgen, und Jesus antwortet in einem fast herausfordernden Ton. Das Evangelium scheint von denen, die Christus nachfolgen wollen, eine unverzügliche Entscheidung zu verlangen, so auch hier. Die Vorbereitungen zum Aufbruch und die Worte „ans andere Ufer“ verstärken diese Dringlichkeit.

Der erste Mann, der Jesus anspricht, ist ein Lehrer der Thora. Er erklärt sich bereit: „Meister, ich will dir nachfolgen, wohin du auch gehst.“ Doch Jesus scheint ihn in seiner Begeisterung zu warnen mit dem geheimnisvollen Satz: „Die Füchse haben Höhlen und die Vögel *des Himmels* Nester; der Menschensohn aber hat keinen Ort, wo er sein Haupt hinlegen kann."

Ohne festen Wohnsitz zu leben, ist hier kein Zeichen von Bedürftigkeit, sondern ein bewusster Schritt, sich von weltlichen Dingen zu lösen. Doch diese Haltung macht nicht gleichgültig gegenüber dem Leiden anderer. Wir leben vielmehr in dem Bewusstsein, dass unser irdisches Leben ein „Jenseits" hat. Die Herausforderung, Christus in allem nachzufolgen, stellt uns vor die Frage, ob wir der Aufgabe auch gewachsen sind, und verlangt von uns, Prioritäten zu setzen.

Auch der zweite Mann will Jesus sofort nachfolgen. Doch in seinen Worten schwingt ein „Ja, aber ..." mit, ein gewisser Vorbehalt. Jesus betont die Dringlichkeit: Ihm nachfolgen zu wollen, verlangt eine sofortige Entscheidung, die auch gegenüber familiären Pflichten Vorrang hat. Daher müssen selbst Beerdigungsrituale zurückstehen, wenn es darum geht, bei ihm, „dem Lebenden" (Lukas 24,5) zu bleiben.

Ein Jünger Jesu zu sein bedeutet, auf die Worte des Lehrers zu hören, in seiner Nähe zu sein und seinen Weg mitzugehen. Von Jesus lernen wir, dass es darauf ankommt, stets unterwegs zu bleiben. Als Christen sollen wir uns immer wieder an den Pilgercharakter unseres Daseins erinnern: Unsere Heimat ist nicht von dieser Welt. Diese Ahnung war schon in den ersten Generationen der Christen zu spüren. So heißt es zum Beispiel im *Brief an Diognet* aus dem zweiten Jahrhundert: Die Christen sind „die Seele der Welt“; sie „leben in der Welt, sind aber Bürger des Himmels“ (5,9).

- → Stelle ich mir die Frage, wie ich auf den Ruf Christi antworten soll? Mit welchem der beiden Männer in diesem Text identifiziere ich mich mehr?
- → Was bedeuten für mich die Worte Jesu, wonach er keinen Ort habe, „wo er sein Haupt hinlegen kann“?

## Die Freude wagen

Matthäus 13,44–46

*Jesus sagte: „Mit dem Himmelreich ist es wie mit einem Schatz, der in einem Acker vergraben war. Ein Mann entdeckte ihn und grub ihn wieder ein. Und in seiner Freude ging er hin, verkaufte alles, was er besaß, und kaufte den Acker. Auch ist es mit dem Himmelreich wie mit einem Kaufmann, der schöne Perlen suchte. Als er eine besonders wertvolle Perle fand, ging er hin, verkaufte alles, was er besaß, und kaufte sie."* ■

In beiden Gleichnissen spricht Jesus vom Himmelreich nicht wie von etwas, das örtlich oder zeitlich weit weg liegt, sondern er kündigt Gott an, der bereits jetzt unter uns ist. „Du bist heilig, du thronst über dem Lobpreis Israels", heißt es im Psalm 22. Gott herrscht im Himmel, aber er errichtet seinen Thron und seine Herrschaft auch inmitten seines Volkes, das zu ihm singt.

„*Mit dem Himmelreich ist es wie mit einem* Schatz, der in einem Acker vergraben war, ... wie *mit einem* Kaufmann, der schöne Perlen suchte." Jesus vergleicht das Kommen Gottes in unser Leben und unsere Welt mit der Freude über eine Entdeckung, der Freude über etwas sehr Wertvolles, über etwas unendlich Schönes.

Ein Mann pflügt einen Acker und stößt dabei auf einen harten Gegenstand. Er muss seine Arbeit unterbrechen und findet, anstelle eines großen Steins oder einer Wurzel, einen Schatz – der größte Fund seines Lebens! All die Jahre lag ein verborgener Schatz in diesem Acker.

Bei der Hauptperson des zweiten Gleichnisses handelt es sich um einen Kaufmann, der schöne Perlen sucht, um sie weiterzuverkaufen. Und wie der Bauer macht auch er eines Tages eine Entdeckung, die all seine Erwartung bei Weitem übertrifft: eine Perle von unvergleichlichem Wert, deren Kauf sein ganzes Leben verändert.

Das Herz des Bauern schlägt heftig, als er den Schatz findet: Von nun an braucht er sich keine Sorgen mehr zu machen. Doch in seinem Glück behält er einen kühlen Kopf. Er gräbt den Schatz wieder ein, um sicherzugehen, ihn für sich allein zu haben und verkauft seinen ganzen Besitz, um den Acker zu kaufen. Der Schatz gehört ihm.

Auch der Perlenhändler ist glücklich, als er die Perle seines Lebens findet, die schöner ist als alles, was er bisher gesehen hat. Und er verkauft alles, was er besitzt, um das zu erwerben, was seine Augen und sein Herz so sehr erfreut.

Wie können wir uns dem Reich Gottes öffnen? Wie können wir auf Gott zugehen, wenn er in unsere Welt kommt, um unter uns zu wohnen? Seine Gegenwart stellt uns vor eine besondere Entscheidung: Nicht dass wir zwischen Gut und Böse wählen müssten – der Bauer und der Kaufmann geben nichts Schlechtes auf, ganz im Gegenteil. Sie verkaufen, was sie besitzen. Sie erwerben mit ihrem Eigentum etwas unendlich Schönes und unvergleichlich Wertvolles.

Wenn Gott in unser Leben tritt, stehen wir vor einer Wahl. Jesus möchte, dass wir uns für die Freude entscheiden, für den Schatz, für die wertvolle Perle. Doch die Freude setzt voraus, etwas aufzugeben; darum geht es in den Gleichnissen Jesu. Die Protagonisten der Gleichnisse haben ihren gesamten Besitz aufgegeben. Sie sind das Wagnis der Freude eingegangen.

Christus möchte, dass uns die Freude Gottes wichtiger ist als unser Besitz, unsere Erfolge und Pläne. Es kann sogar passieren, dass wir die Freude wichtiger nehmen müssen als uns selbst. Die Freude bedeutet, sich selbst zu vergessen. Die Gleichnisse vom Bauern und vom Kaufmann, die voll Freude ihren Besitz aufgeben, zeigen, dass die Freude befreit.

→ Welchen Schatz oder welche Perle habe ich auf meinem Weg im Glauben gefunden? Was hat mich überrascht? Worüber freue ich mich?

→ War ich schon einmal glücklich, weil ich auf etwas verzichtet habe? Hat mich die Freude schon einmal freier gemacht?

## Barmherzig sein wie Gott

Lukas 6,27–36

*Jesus sagt: „Liebt eure Feinde; tut denen Gutes, die euch hassen! Segnet die, die euch verfluchen; betet für die, die euch beschimpfen! Dem, der dich auf die eine Wange schlägt, halt auch die andere hin und dem, der dir den Mantel wegnimmt, lass auch das Hemd! Gib jedem, der dich bittet; und wenn dir jemand das Deine wegnimmt, verlang es nicht zurück! Und wie ihr wollt, dass euch die Menschen tun sollen, das tut auch ihr ihnen! Wenn ihr die liebt, die euch lieben, welchen Dank erwartet ihr dafür? Denn auch die Sünder lieben die, von denen sie geliebt werden. Und wenn ihr denen Gutes tut, die euch Gutes tun, welchen Dank erwartet ihr dafür? Das tun auch die Sünder. Und wenn ihr denen Geld leiht, von denen ihr es zurückzubekommen hofft, welchen Dank erwartet ihr dafür? Auch die Sünder leihen Sündern, um das Gleiche zurückzubekommen. Doch ihr sollt eure Feinde lieben und Gutes tun und leihen, wo ihr nichts zurückerhoffen könnt. Dann wird euer Lohn groß sein und ihr werdet Söhne des Höchsten sein; denn auch er ist gütig gegen die Undankbaren und Bösen. Seid barmherzig, wie auch euer Vater barmherzig ist!“* ■

Jesus stellt hier zwei mögliche Handlungsweisen einander gegenüber. Eine davon ist das Verhalten eines „Sünders“, eines Menschen also, der nicht tut, worum Gott ihn bittet. Heute kommt uns dieses Verhalten „normal“ vor: denen Gutes zu tun, die einem selbst Gutes tun, und denen zu leihen, die es einem zurückgeben.

Wir Menschen neigen seit jeher dazu, unsere Mitmenschen in zwei Gruppen einzuteilen: diejenigen, die zu uns gehören, und die anderen, die auf die eine oder andere Weise unsere „Gegner“ sind. Natürlich kann man es niemandem verdenken, bestimmte Personen sympathischer zu finden als andere. Aber wenn wir beginnen, andere zu ignorieren, sie abzulehnen, oder ihnen sogar Böses tun, dann kommt es zu Spaltungen und manchmal sogar zu Krieg.

Jesus stellt diesem Verhalten das Handeln Gottes gegenüber, der „auch gegen Undankbare und Böse gütig ist“. Die Wege Gottes sind nicht unsere Wege, weil sein Verhalten nicht vom Verhalten seines Gegenübers abhängt. Gott ist „durch nichts zu erschüttern“; mit anderen Worten: Gott kann nur lieben.

Das Neue in der Botschaft Jesu ist nicht die Tatsache, dass Gott barmherzig ist. Diesen Gedanken findet man bereits mehrere Jahrhunderte vor Christus an vielen Stellen im Alten Testament, so zum Beispiel beim Propheten Jesaja (Kap. 55). Neu ist, dass auch wir Menschen in der Lage sein sollen, barmherzig zu sein – so wie Gott.

Jesus möchte, dass wir als Abbild Gottes leben: unsere Feinde lieben, denen Gutes tun, die uns Böses tun, und geben, ohne etwas zurückzuerwarten. Ist dies möglich? Können wir Menschen tatsächlich so handeln wie Gott? Wo können wir die Kraft dafür finden?

Sicherlich genügt dazu nicht die Stärke unseres Charakters oder unseres Willens. Gott kann geben, ohne zu empfangen, denn er ist die Quelle des Lebens – nicht wir. Wir müssen selbst empfangen haben, um geben zu können. Darin besteht das Neue im Evangelium: Indem Gottes Sohn als Mensch auf die Erde kam, hat er den Heiligen Geist, die Person gewordene Kraft der Liebe Gottes, tief in das Wesen des Menschen gelegt. Durch die Kraft des Geistes konnte Jesus Kranke heilen und Sünden vergeben. Er konnte sogar sein Leben für uns am Kreuz hingeben und auch noch denen vergeben, die ihn misshandelt und getötet haben. Nach seiner Auferstehung hat er seinen Jüngern diesen Geist weitergegeben.

Als Jünger Jesu gehören wir zur Gemeinschaft der Glaubenden, die aus dem Geist Gottes leben. Das Beeindruckende an den ersten Christen war, dass sie – so verschieden sie voneinander waren – als Brüder und Schwestern zusammenlebten, ihren Besitz und ihre geistlichen Güter miteinander teilten, und einander vergaben. Sie haben keinen Unterschied gemacht zwischen denen, die zu ihrer Gemeinschaft gehörten, und den anderen, sondern haben alle Menschen aufgenommen. Sie sind auf die anderen zugegangen und haben versucht, eine universelle Solidarität zu leben. Natürlich unterschied sich ihr Leben von dem der „gewöhnlichen" Menschen. Aber gerade das hat so viele andere begeistert.

Dieser Geist, der Jesus und die ersten Christen geleitet hat, ist auch uns heute angeboten. Ja, wir können ein Leben nach dem Bild Gottes führen! Wir können

Barmherzigkeit üben, so wie unser Vater barmherzig ist. Aber dies gelingt nur in Gemeinschaft, indem wir uns gegenseitig unterstützen, und indem wir unser Herz im Gebet Gott öffnen, sodass er unser Denken und Handeln nach und nach verändern kann. So wird das Unmögliche möglich.

- Ist das, was Jesus beschreibt, eine Utopie, oder kenne ich selbst Frauen und Männer, die nach dem Vorbild Gottes leben und vorbehaltlos lieben? Wann? Wo? Wie?
- Was müssen wir tun, damit unsere Kirchen und Gemeinschaften Orte einer weltumspannenden Solidarität werden, an denen die Spaltungen der Gesellschaft Heilung finden?

## Mit leeren Händen vor Gott stehen

Lukas 14,7–11

*Als Jesus bemerkte, wie sich die Gäste die Ehrenplätze aussuchten, erzählte er ihnen ein Gleichnis. Er sagte zu ihnen: „Wenn du von jemandem zu einer Hochzeit eingeladen bist, nimm nicht den Ehrenplatz ein! Denn es könnte ein anderer von ihm eingeladen sein, der vornehmer ist als du, und dann würde der Gastgeber, der dich und ihn eingeladen hat, kommen und zu dir sagen: ‚Mach diesem hier Platz!' Du aber wärst beschämt und müsstest den untersten Platz einnehmen. Vielmehr, wenn du eingeladen bist, geh hin und nimm den untersten Platz ein, damit dein Gastgeber zu dir kommt und sagt: ‚Mein Freund, rück weiter hinauf!' Das wird für dich eine Ehre sein vor allen anderen Gästen. Denn wer sich selbst erhöht, wird erniedrigt, und wer sich selbst erniedrigt, wird erhöht werden."* ■

Man weiß nie, was passiert, wenn man jemanden zu sich einlädt. Eine Begegnung mit einem anderen Menschen kann unter Umständen das ganze Leben verändern.

In den Kapiteln 14 bis 16 des Lukasevangeliums erleben wir, wie Jesus auf seinem Weg nach Jerusalem den verschiedensten Menschen begegnet. Er ist bei Pharisäern und Schriftgelehrten zu Gast, bei Zolleintreibern, Sündern und bei seinen Jüngern – oft in Begleitung einer großen Menschenmenge. Viele seiner Gleichnisse erzählt Jesus bei Tisch.

Diesmal ist Jesus an einem Sabbat bei einem führenden Pharisäer zum Mittagessen eingeladen. Im Evangelium werden die Pharisäer oft sehr kritisch dargestellt. Sie hatten genaue Vorstellungen vom Kommen des Messias. Als geistliche Meister und Lehrer des mosaischen Gesetzes hatten sie viele Anhänger, die ihnen mit Respekt und Bewunderung begegneten. Ihr Ansehen hat sie vermutlich dazu verleitet, Privilegien zu beanspruchen. So rief der „Erfolg“ Jesu in ihnen zweifellos Eifersucht hervor.

Eines Tages beobachtet Jesus, wie sich die Gäste einer Hochzeit um die besten Plätze streiten und alles tun, um nicht am Ende der Tafel sitzen zu müssen. Jesus kritisiert dieses Verhalten. Wie ein Prophet fordert er seine Zuhörer auf, sich zu ändern und nicht nach den in der Gesellschaft üblichen Maßstäben zu handeln. Jesus stellt die Logik einer Welt, in der vor allem Verdienst, Ehre und Privilegien zählen, auf den Kopf.

Doch es geht Jesus nicht darum, die Menschen zur Höflichkeit zu erziehen. Er spricht vom Reich Gottes, das im Evangelium oft mit einer Hochzeit oder einem Bankett verglichen wird. In ihm gelten andere Prioritäten; es geht um eine Umkehr, um einen neuen Lebensstil.

Mit diesem Gleichnis prangert Jesus eine Religiosität an, die zu Selbstrechtfertigung, Anmaßung und Arroganz führt und in der Forderungen an Gott gerichtet werden. Jesus fordert von seinen Zuhörern eine Haltung der Demut. Wir können Gott nur mit leeren Händen gegenübertreten und sie von ihm füllen lassen. Wir folgen einer neuen Logik, nach der alles ein Geschenk, alles Gnade ist. Die Ersten werden die Letzten sein und die Letzten die Ersten. Im Reich Gottes braucht man sich nicht mehr nach vorne drängeln. Jeder wird einen „Ehrenplatz“ erhalten. Aber um dorthin zu gelangen, muss man seinen Blick auf das Leben ändern.

Jesus möchte uns auf diese Weise sagen, wer Gott wirklich ist. Durch sein Leben offenbart er uns einen Gott, der sich zum Diener macht. Er lädt uns zu einem großen Festmahl ein, bei dem er aufsteht und uns die Füße wäscht (Johannes 13). Dies fasst er in dem Satz zusammen: „Der Menschensohn ist nicht gekommen, um sich dienen zu lassen, sondern um zu dienen und sein Leben hinzugeben als Lösegeld für viele.“ (Matthäus 20,28)

- Was ist den Menschen um uns herum wichtig? Was sagt das Evangelium zu diesen Werten?
- Was bedeuten die Worte Jesu: „Wer sich selbst erhöht, wird erniedrigt, und wer sich selbst erniedrigt, wird erhöht werden“?

## Was es „kostet“, ein Jünger zu sein

Lukas 14,26–33

*Jesus sagte: „Wenn jemand zu mir kommt und nicht Vater und Mutter, Frau und Kinder, Brüder und Schwestern, ja sogar sein Leben gering achtet, dann kann er nicht mein Jünger sein. Wer nicht sein Kreuz trägt und hinter mir hergeht, der kann nicht mein Jünger sein. Denn wenn einer von euch einen Turm bauen will, setzt er sich dann nicht zuerst hin und berechnet die Kosten, ob seine Mittel für das ganze Vorhaben ausreichen? Sonst könnte es geschehen, dass er das Fundament gelegt hat, dann aber den Bau nicht fertigstellen kann. Und alle, die es sehen, würden ihn verspotten und sagen: ‚Der da hat einen Bau begonnen und konnte ihn nicht zu Ende führen.‘ Oder wenn ein König gegen einen anderen in den Krieg zieht, setzt er sich dann nicht zuerst hin und überlegt, ob er sich mit seinen zehntausend Mann dem entgegenstellen kann, der mit zwanzigtausend gegen ihn anrückt? Kann er es nicht, dann schickt er eine Gesandtschaft, solange der andere noch weit weg ist, und bittet um Frieden. Ebenso kann keiner von euch mein Jünger sein, wenn er nicht auf seinen ganzen Besitz verzichtet.“* ■

Es ist nicht leicht, ein Jünger Christi zu sein und ihm nachzufolgen. Wer auf Jesu Ruf antwortet, muss einen „Preis“ zahlen: „Folge mir nach!“, sagte Jesus, und der

Jünger „ließ alles zurück und folgte ihm." Der Ruf Christi im Evangelium kennt keinen Aufschub. Für Jesus stand das Kommen des Reiches Gottes unmittelbar bevor. Es war keine Verheißung für eine unbestimmte Zukunft, denn das Reich Gottes ist „mitten unter euch" (Lukas 17,21). Christus berief seine Jünger und sandte sie aus, die gute Nachricht zu verkünden. Sie sollten sich von ihr durchdringen lassen und die Werte des Reiches Gottes in ihrem Leben verwirklichen. Diese Werte, wie sie in der Bergpredigt (Matthäus 5,1–11) zum Ausdruck kommen, widersprechen der „Welt". Deshalb sollten die Jünger sich auch nicht wundern, wenn sie um Christi und des Evangeliums willen verfolgt werden.

In den beiden Gleichnissen Jesu – vom Turmbau und vom Kriegführen – geht es nicht um sorgfältiges Planen, sondern um die Nachfolge. So wie man eine Kostenrechnung erstellt, bevor man einen Turm baut bzw. einen Krieg beginnt, so ist es genauso wichtig darüber nachzudenken, ob man die Kraft hat, bis zum Ende durchzuhalten, wenn man Christus nachfolgen will. Einleitend spricht Jesus davon, dass man alles aufgeben muss, um ein Jünger zu werden. Und am Ende sagt er: „Keiner von euch kann mein Jünger sein, wenn er nicht auf seinen ganzen Besitz verzichtet." Es ist offensichtlich, dass man Geld braucht, um einen Turm zu bauen, und eine Streitmacht, um einen Krieg zu beginnen. Um Christus nachzufolgen braucht man hingegen „nichts". Vielmehr geht es darum, alles Eigene aufzugeben. Jesus warnt sogar vor materiellem Reichtum und fordert seine Jünger auf, diesen abzulegen.

An mehreren Stellen ist im Evangelium von Menschen die Rede, die Christus nach einiger Zeit wieder verlassen. Vielleicht gebraucht Christus – sanft und demütig von Herzen – aus diesem Grund so starke und fordernde Worte. Er will uns aufrütteln. Auf dem Weg, den Christus uns zeigt, erwarten uns immer wieder Hindernisse und Versuchungen. Anstatt uns auf unseren Besitz zu verlassen, fordert Christus uns auf, Vertrauen zu haben – das Vertrauen eines Kindes. Auch wir müssen heute einen Preis zahlen, wenn wir Jünger Christi sein und seinem Ruf bis zum Ende treu bleiben wollen.

→ Was bedeutet es heute, „ein Jünger Christi" zu sein? Was verlangt dies von uns im täglichen Leben?
→ „Keiner von euch kann mein Jünger sein, wenn er nicht auf seinen ganzen Besitz verzichtet." Vor welche Herausforderungen stellen uns diese Worte Christi?
→ Was hilft uns dabei, als Jünger bis zum Ende treu zu bleiben?

## Trauer, die sich in Freude verwandelt

Johannes 16,19–22

*Jesus sagte zu seinen Jüngern: „Ihr macht euch untereinander Gedanken darüber, dass ich euch gesagt habe: ‚Noch eine kurze Zeit, dann seht ihr mich nicht mehr, und wieder eine kurze Zeit, dann werdet ihr mich sehen.' Amen, amen, ich sage euch: Ihr werdet weinen und klagen, aber die Welt wird sich freuen; ihr werdet traurig sein, aber eure Trauer wird sich in Freude verwandeln. Wenn die Frau gebären soll, hat sie Trauer, weil ihre Stunde gekommen ist; aber wenn sie das Kind geboren hat, denkt sie nicht mehr an ihre Not über der Freude, dass ein Mensch zur Welt gekommen ist. So habt auch ihr jetzt Trauer, aber ich werde euch wiedersehen; dann wird euer Herz sich freuen und niemand nimmt euch eure Freude."* ■

Für die Menschen in den Städten und Dörfern Galiläas war die Begegnung mit Jesus ein Fest. Er selbst hatte dies einmal mit der Frage angedeutet: „Können denn die Hochzeitsgäste trauern, solange der Bräutigam bei ihnen ist?" (Matthäus 9,15) Gleichzeitig sprach Jesus von Anfang an auch sehr rätselhafte und unverständliche Worte, so zum Beispiel: „Es werden Tage kommen, da wird (den Menschen) der Bräutigam genommen sein" (Matthäus 9,15); dann hat das Fest ein Ende. Und am

Vorabend seines Todes sagte er ganz offen: „Noch kurze Zeit, dann seht ihr mich nicht mehr."

Jesus wusste, dass er sterben und dass dies für seine Freunde eine harte Zeit sein würde: „Amen, amen, ich sage euch: Ihr werdet weinen und klagen." Aber diese Trauer hat nicht das letzte Wort: „Noch kurze Zeit, dann seht ihr mich nicht mehr, und wieder eine kurze Zeit, dann werdet ihr mich sehen." Durch seinen Tod hat Jesus seine Jünger verlassen, aber er ist aus dem Tod zurückgekommen. Seine Freunde sind dem Auferstandenen begegnet – als Erste Maria Magdalena, dann Petrus, Johannes und viele andere.

Die Freude der Christen ist eine Osterfreude. Leid und Tod können sie nicht auslöschen; genauso wenig die Abwesenheit des Geliebten, die Abwesenheit Gottes. Jesus sagte ihnen voraus: „Ihr werdet bekümmert sein, aber euer Kummer wird sich in Freude verwandeln."

Die Freude der Christen ist eine Osterfreude. Sie ist nicht das Gegenteil von Trauer, sondern sie ist mitten in unserem Kummer und unserer Traurigkeit da. Sie verändert uns von innen heraus. „Euer Kummer wird sich in Freude verwandeln." Der Kummer und die Traurigkeit weichen nicht der Freude, sondern werden in Freude verwandelt. Ja, man kann noch nicht einmal sagen, dass sie in Freude verwandelt werden; sie werden vielmehr von der Freude durchdrungen und erhellt. Trauer und Freude können nebeneinander bestehen, so wie im Herbst oft Nebel und Licht ineinander übergehen.

Paulus ruft uns auf: „Freut euch mit den Fröhlichen und weint mit den Weinenden!“ (Römer 12,15) Was können wir tun, wenn wir Fröhlichen und Weinenden gleichzeitig gegenüberstehen? Wir müssen also gleichzeitig singen und weinen. Es gibt eine „fröhliche Trauer“. Das ist keine triumphale Freude, die die Weinenden nur noch trauriger macht. Die Osterfreude ist so tief, dass sie Trauer und Leid in sich aufnimmt. Sie weint und freut sich zugleich. Sie bringt das Lachen auf das Gesicht des Unglücklichen zurück.

Die Osterfreude kommt wie ein Kind unter Schmerzen zur Welt. Jesus sagte: „Wenn die Frau gebären soll, hat sie Trauer, weil ihre Stunde (des Leidens) gekommen ist; aber wenn sie das Kind geboren hat, denkt sie nicht mehr an ihre Not über der Freude, dass ein Mensch zur Welt gekommen ist.“ Über diese Freude, die im Leiden geboren wird, sagt Jesus: „Und niemand nimmt euch eure Freude.“

In der *Regel von Taizé* hat Frère Roger vor vielen Jahren geschrieben: „Scheue dich nicht, an den Nöten eines anderen Anteil zu nehmen. Hab keine Angst vor dem Leiden; oft wird uns gerade in der Tiefe eines Abgrunds die vollkommene Freude in der Gemeinschaft mit Jesus Christus geschenkt.“

→ Wann habe ich schon einmal erlebt, dass sich eine schmerzliche, traurige Situation in Freude verwandelt hat?

- Wie können wir uns mit den Fröhlichen freuen und mit den Weinenden weinen? Wie kann die Freude zu einer neuen Solidarität beitragen?
- Wie können wir uns gegenseitig helfen, damit die Freude auch in schmerzvollen Situationen immer wieder durchbricht?

## Das Kommen des Königs

Matthäus 28,16–20

*Die elf Jünger gingen nach Galiläa auf den Berg, den Jesus ihnen genannt hatte. Und als sie Jesus sahen, fielen sie vor ihm nieder; einige aber hatten Zweifel. Da trat Jesus auf sie zu und sagte zu ihnen: „Mir ist alle Vollmacht gegeben im Himmel und auf der Erde. Darum geht und macht alle Völker zu meinen Jüngern; tauft sie auf den Namen des Vaters und des Sohnes und des Heiligen Geistes und lehrt sie, alles zu befolgen, was ich euch geboten habe. Und siehe, ich bin mit euch alle Tage bis zum Ende der Welt."* ■

Am Vorabend seines Todes hatte Jesus seinen Jüngern angekündigt: „Nach meiner Auferstehung werde ich euch nach Galiläa vorausgehen." (Matthäus 26,32) Nach seinem Tod erinnert ein Engel die Frauen daran: „Geht schnell zu seinen Jüngern und sagt ihnen: Er ist von den Toten auferstanden und siehe, er geht euch voraus nach Galiläa, dort werdet ihr ihn sehen. Siehe, ich habe es euch gesagt." (Matthäus 28,7)

Die ersten Jünger stammten aus Galiläa; dort hatte Jesus sie berufen. Nach seiner Auferstehung von den Toten wartete er wiederum in Galiläa – ihrer Heimat – auf sie. Die Begegnung mit dem Auferstandenen ist eine Rückkehr zu den Anfängen, aber auch die Vorwegnahme der Vollendung. Die Worte des Engels „dort werdet ihr ihn sehen“ müssen die Jünger an die Worte Jesu erinnert haben: „Amen, ich sage euch: Von denen, die hier stehen, werden einige den Tod nicht schmecken, bis sie den Menschensohn in seinem Reich kommen sehen.“ (Matthäus 16,28) Sie erwarteten also „den Menschensohn, der zur Rechten der Macht sitzt“ (Matthäus 26,64), und dessen Herrschaft kein Ende mehr hat.

Deshalb zögern sie zunächst auch, als Jesus ihnen auf einem Berg in Galiläa gegenübertritt. So wie die Weisen aus dem Osten vor dem neugeborenen König in Bethlehem niederfielen (Matthäus 2,11), fallen sie zwar vor Jesus nieder und beten ihn an, aber es heißt auch: „einige hatten Zweifel“. Stehen sie wirklich vor dem Menschensohn, von dem ein Prophet gesagt hatte: „Ihm wurden Herrschaft, Würde und Königtum gegeben. Alle Völker, Nationen und Sprachen dienten ihm.“ (Daniel 7,14)?

Aber die Worte Jesu sind eindeutig: „Mir ist alle Vollmacht gegeben im Himmel und auf der Erde.“ Zu Beginn seines öffentlichen Wirkens hatte er „alle Reiche der Welt mit ihrer Pracht“ (Matthäus 4,8) abgelehnt, die ihm der Versucher anbot, wenn er ihn anbete. Jetzt, nach seinem Leiden und seiner Auferstehung, gibt Gott, sein Vater, ihm „alle Macht im Himmel und auf der Erde“. Er ist der König aller Völker und Nationen.

Fünfmal gebraucht Jesus das Wort „alle“: „alle *Vollmacht*“, „alle Völker“, „alle Menschen“, „alles, was ich euch geboten habe“, „alle Tage“. Jesus war alle Macht gegeben, was ihn Gott gleichstellt. Dennoch drängt er sich nicht auf. Er übt seine Macht aus, indem er die Jünger aussendet und ihnen den Auftrag gibt, zu lehren und die Menschen zu seinen Jüngern zu machen. Sein Reich dehnt sich nicht durch Eroberungen aus, sondern durch ein demütiges und geduldiges Lehren seiner Worte.

„Geht zu allen Völkern!" Seine Jünger können sich nirgends niederlassen. Jesus sendet sie aus, so wie Gott Abraham ausgesandt hatte: „Geh fort ... Durch dich sollen alle Sippen der Erde Segen erlangen." (Genesis 12,1–3) Und er versichert ihnen: „Ich bin mit euch alle Tage." Er kommt jeden Tag zu uns, „er kommt im Namen des Herrn." (Matthäus 21,9) Jeden Tag ist er der „Gott ist mit uns." (Matthäus 1,23) Die Jünger werden bis ans Ende der Zeiten unterwegs sein, und Jesus ist tagtäglich und überall bei ihnen.

- Wo ist mein „Galiläa"? Wo wartet Christus auf mich? Wie nehme ich ihn jeden Tag auf?
- Zu wem bin ich gesandt? Wen kann ich einladen, Jesus nachzufolgen?
- Welche Gebote Jesu, besonders in der Bergpredigt (Matthäus 5–7), bedeuten mir so viel, dass ich aus ihnen lebe und dies auch anderen vorschlagen möchte?

## Stephanus, der erste Märtyrer, und sein Gebet um Vergebung

Apostelgeschichte 7,54–8,4

*Als [die Mitglieder des Hohen Rats die Worte des Stephanus] hörten, waren sie in ihren Herzen aufs Äußerste über ihn empört und knirschten mit den Zähnen gegen ihn. Er aber, erfüllt vom Heiligen Geist, blickte zum Himmel empor, sah die Herrlichkeit Gottes und Jesus zur Rechten Gottes stehen und rief: „Siehe, ich sehe den Himmel offen und den Menschensohn zur Rechten Gottes stehen." Da erhoben sie ein lautes Geschrei, hielten sich die Ohren zu, stürmten einmütig auf ihn los, trieben ihn zur Stadt hinaus und steinigten ihn. Die Zeugen legten ihre Kleider zu Füßen eines jungen Mannes nieder, der Saulus hieß. So steinigten sie Stephanus; er aber betete und rief: „Herr Jesus, nimm meinen Geist auf!" Dann sank er in die Knie und schrie laut: „Herr, rechne ihnen diese Sünde nicht an!" Nach diesen Worten starb er. Saulus aber war mit seiner Ermordung einverstanden. An jenem Tag brach eine schwere Verfolgung über die Kirche in Jerusalem herein. Alle wurden in die Gegenden von Judäa und Samarien zerstreut, mit Ausnahme der Apostel. Fromme Männer bestatteten Stephanus und hielten eine große Totenklage für ihn. Saulus aber versuchte, die Kirche zu vernichten; er drang in die Häuser ein, schleppte Männer und Frauen fort und lieferte sie ins Gefängnis ein. Die Gläubigen, die zerstreut worden waren, zogen umher und verkündeten das Wort.* ■

Man hatte Stephanus vorgeworfen, den Tempel in Jerusalem als heiligen Ort und die Autorität des mosaischen Gesetzes infrage zu stellen (Apostelgeschichte 6,13). In seiner Verteidigungsrede spricht er zunächst von der langen Geschichte Gottes mit seinem Volk und geht dann auf die Vorwürfe gegen ihn ein: Was den Tempel betreffe, wohne Gott seit dem Bund am Sinai inmitten seines Volkes und Gott habe Mose damit beauftragt, ein bewegliches Heiligtum zu bauen, die „Stiftshütte" oder das „Bundeszelt". Erst Salomon, der Sohn König Davids, hatte in Jerusalem einen Tempel errichtet. Stephanus führt Bibeltexte zum Beweis dafür an, dass Gott im Himmel und auf der Erde wohnt, im ganzen Universum. Das Gesetz des Mose betreffend, wendet Stephanus die Anklage gegen seine Kläger: Nicht die, die an Jesus glauben, übertreten Gottes Gesetz, sondern diejenigen, die ihn verraten und getötet haben. Wahrscheinlich hatte Stephanus nicht die Absicht, seine Rede mit der Ermordung Jesu zu beenden. In der Apostelgeschichte folgt auf den Vorwurf „ihr habt Jesus umgebracht" stets die gute Nachricht: „Aber Gott hat ihn von den Toten auferweckt!" Doch an dieser Stelle ertragen die Richter die Worte des Stephanus nicht mehr und unterbrechen ihn. Dieser spricht daraufhin nicht mehr zu ihnen und argumentiert nicht mehr. Der Heilige Geist lässt Stephanus das Unsichtbare schauen. Er sieht den auferstandenen Christus in der Herrlichkeit Gottes und gibt lediglich wieder, was er sieht. Die Richter halten sich die Ohren zu und beginnen laut zu schreien, um die als Gotteslästerung empfundenen Worte des Stephanus nicht zu hören.

Das Problem besteht nicht in der Vision des offenen Himmels. Bereits Propheten wie Jesaja und Ezechiel sahen den offenen Himmel und die Herrlichkeit Gottes in seinem himmlischen Tempel, der nicht von Menschenhand gemacht ist. Für die Ankläger des Stephanus besteht die Gotteslästerung darin, den Menschen Jesus in Gottes Nähe sehen zu wollen. Wie sollte ein verurteilter und hingerichteter Mensch an der Herrlichkeit Gottes Anteil haben? Das würde ja bedeuten, dass in Gott ein Ort wäre für Leiden und Tod. Der spätere Apostel Paulus wohnte der Szene bei, und war, weil er wusste, was auf dem Spiel stand, mit der Hinrichtung des Stephanus einverstanden. Wenn das, wovon Stephanus spricht, wahr wäre – und Paulus wird dies später selbst behaupten –, dann gäbe es in Gott „das Törichte" und „das Schwache" (1 Korinther 1,25).

Stephanus sieht Jesus mit Gott eins. Aus dieser Vision geht sein Gebet hervor. Bis dahin richten sich die Gebete der Apostel in der Apostelgeschichte immer an Gott. Stephanus betet als Erster zu Jesus. Am Kreuz hatte Jesus mit den Worten aus Psalm 31 zu Gott gebetet und das Wort „Vater" hinzugefügt: „Vater, in deine Hände lege ich meinen Geist." Stephanus wendet sich nun mit dem gleichen Gebet an Jesus: „Herr Jesus, nimm meinen Geist auf!" Er betet zu Jesus, so wie die Menschen zu Gott beten, nicht, weil er etwas vom Glauben an die Dreifaltigkeit wüsste, sondern weil er auf Gott schauend Jesus sieht.

Aber diese Einheit des gekreuzigten Jesus mit Gott in dessen ewiger Herrlichkeit bedeutet noch etwas anderes: Durch seine Treue bis zum Tod gleicht Stephanus den sieben Brüdern und deren Mutter, die zur Zeit der Makkabäer, 200 Jahre zuvor (2 Makkabäer 7), als Märtyrer starben – mit einem bedeutenden Unterschied: Die sieben Brüder bitten Gott um Gerechtigkeit und drohen ihrem Henker: „Glaub aber ja nicht, dass du heil davonkommst (...) Du wirst Gottes Händen nicht entkommen." (2 Makkabäer 7,19.31) Stephanus hingegen betet: „Herr, rechne ihnen diese Sünde nicht an!" Er kann von Gott keine Vergeltung fordern: Neben Gott sieht er Jesus, den gekreuzigten Menschensohn; wenn er zu Gott betet, erscheint ihm Jesus. Und wie könnte er Jesus, der sogar seine Feinde geliebt hat, darum bitten, Rache und Vergeltung zu üben?

Die Verfolgung, die mit dem Märtyrertod des Stephanus einsetzt, kann die Ausbreitung des Evangeliums nicht aufhalten. Die Glaubenden, die fliehen und zerstreut werden, geben die Gute Nachricht weiter, die auf diese Weise die Grenzen des Landes überwindet.

- → Welchen Einfluss hat unser Gottesbild auf unser Gebet?
- → Woher kommt unser Wunsch zu vergeben? Was lässt diesen Wunsch größer werden?
- → Welche schwierigen Momente – sei es in meinem persönlichen Leben, im Leben der Kirche oder meiner Gemeinde – waren für mich eine Gelegenheit, einen Schritt weiterzugehen?

## Für Gott leben

Römer 6,3–11

*Wisst ihr denn nicht, dass wir, die wir auf Christus Jesus getauft wurden, auf seinen Tod getauft worden sind? Wir wurden ja mit ihm begraben durch die Taufe auf den Tod, damit auch wir, so wie Christus durch die Herrlichkeit des Vaters von den Toten auferweckt wurde, in der Wirklichkeit des neuen Lebens wandeln. Wenn wir nämlich mit der Gestalt seines Todes verbunden wurden, dann werden wir es auch mit der seiner Auferstehung sein. Wir wissen doch: Unser alter Mensch wurde mitgekreuzigt, damit der von der Sünde beherrschte Leib vernichtet werde, sodass wir nicht mehr Sklaven der Sünde sind. Denn wer gestorben ist, der ist frei geworden von der Sünde. Sind wir nun mit Christus gestorben, so glauben wir, dass wir auch mit ihm leben werden. Wir wissen, dass Christus, von den Toten auferweckt, nicht mehr stirbt; der Tod hat keine Macht mehr über ihn. Denn durch sein Sterben ist er ein für alle Mal gestorben für die Sünde, sein Leben aber lebt er für Gott. So begreift auch ihr euch als Menschen, die für die Sünde tot sind, aber für Gott leben in Christus Jesus.* ■

In diesen Sätzen seines Briefs an die Christen in Rom beschreibt Paulus, worum es ihm geht: Für ihn steht – kurz gesagt – das neue Leben im Mittelpunkt, der Übergang von einer Seinsweise in eine andere. Und dieser Übergang geschieht nicht durch unsere Anstrengung, sondern im und durch den Tod und die Auferstehung Jesu Christi.

Paulus beschreibt diese beiden Seinsweisen als zwei „Welten“. Die erste steht unter dem Einfluss zweier eng miteinander verbundener Wirklichkeiten: Sünde und Tod. Wer zu dieser Welt gehört, hat kein Leben in Fülle. Er ist von Angst getrieben und kennt das wahre Glück nicht; er tut nicht, was er eigentlich tun möchte (vgl. Römer 7,19), sondern handelt wie ein Sklave (vgl. Römer 8,15.21). Jesus wurde aus Solidarität mit uns zu einem Teil dieser Welt und zeigt uns damit einen Weg nach draußen, den Weg der Liebe. Durch die Hingabe seines Lebens aus Liebe öffnet er uns einen Weg aus dieser zum Tode verurteilten Welt hin zum Leben.

Die andere Seinsweise ist ein Leben in Fülle – in Freude, Freiheit und Liebe. Durch seine Auferstehung ist Jesus endgültig in diese andere Welt eingegangen und nicht länger dem Tod unterworfen. Paulus sagt seinen Lesern, dass sie als Christen – indem sie Christus vertrauen und zu ihm „Ja“ sagen – in den Tod Christi eingetaucht wurden. Darin besteht die Bedeutung des Wortes „Taufe“. Ihr früheres Leben ist mit ihm am Kreuz vergangen, sodass sie zusammen mit ihm in dieses neue Leben eingehen können.

Für die ersten Christen war dies nichts Theoretisches. Indem sie Christus annahmen, hatten sie zumeist ein anderes Leben hinter sich gelassen – Freunde, Familie und bestimmte Wertvorstellungen –, um als Mitglied einer Gemeinschaft von Glaubenden neu anzufangen und für Gott zu leben. Natürlich sind sie nach wie vor Teil dieser Welt – mit all ihren Schwierigkeiten und Ungewissheiten (Paulus behauptet nicht, sie wären bereits „auferstanden"), aber ihr Leben ist völlig verändert. Dieselbe Kraft, die Jesus dem Reich des Todes entrissen hatte (was Paulus „die Herrlichkeit des Vaters" nennt, die strahlende Kraft seiner Liebe), wirkt bereits in ihnen und schenkt eine unsagbare Freude und Freiheit.

Auch in einem Menschen, der als kleines Kind getauft wurde und für den die Taufe nicht ein so einschneidendes Erlebnis bedeutet, wirkt die gleiche Kraft. Die Taufe, die wir ein für alle Mal empfangen, wird in allen großen und kleinen Entscheidungen des Alltags gelebt. Durch sie „sterben" wir einem auf uns selbst zentrierten Leben und dienen von nun an Gott und den anderen. Dieser Durchgang vom Tod zur Auferstehung ist nicht unser Werk, sondern das Werk von Gottes Atem in uns: „Wenn der Geist dessen in euch wohnt, der Jesus von den Toten auferweckt hat, dann wird er, der Christus Jesus von den Toten auferweckt hat, auch eure sterblichen Leiber lebendig machen, durch seinen Geist, der in euch wohnt." (Römer 8,11)

→ Was muss in mir „sterben", damit ich ein Jünger Christi werden kann? Was gibt mir die Kraft dazu?
→ Welche großen oder kleinen Entscheidungen im Leben sind für mich wie eine Taufe, ein Durchgang vom Tod zur Auferstehung mit Christus?
→ Wo spüre ich in meinem Leben – trotz meiner menschlichen Schwächen – die Kraft von Gottes Geist?

## Ein Leib in Christus

Römer 12,3–13

*Denn aufgrund der Gnade, die mir gegeben ist, sage ich einem jeden von euch: Strebt nicht über das hinaus, was euch zukommt, sondern strebt danach, besonnen zu sein, jeder nach dem Maß des Glaubens, das Gott ihm zugeteilt hat! Denn wie wir an dem einen Leib viele Glieder haben, aber nicht alle Glieder dieselbe Aufgabe haben, so sind wir, die vielen, ein Leib in Christus, als Einzelne aber sind wir Glieder, die zueinander gehören. Wir haben unterschiedliche Gaben, je nach der uns verliehenen Gnade. Hat einer die Gabe prophetischer Rede, dann rede er in Übereinstimmung mit dem Glauben; hat einer die Gabe des Dienens, dann diene er. Wer zum Lehren berufen ist, der lehre; wer zum Trösten und Ermahnen berufen ist, der tröste und ermahne. Wer gibt, gebe ohne Hintergedanken; wer Vorsteher ist, setze sich eifrig ein; wer Barmherzigkeit übt, der tue es freudig. Die Liebe sei ohne Heuchelei. Verabscheut das Böse, haltet fest am Guten! Seid einander in brüderlicher Liebe zugetan, übertrefft euch in gegenseitiger Achtung! Lasst nicht nach in eurem Eifer, lasst euch vom Geist entflammen und dient dem Herrn! Freut euch in der Hoffnung, seid geduldig in der Bedrängnis, beharrlich im Gebet! Nehmt Anteil an den Nöten der Heiligen; gewährt jederzeit Gastfreundschaft!* ■

Der Schlüssel zum Verständnis dieses Textes liegt in dem kurzen Satz: „In Christus sind wir, die vielen, ein Leib." In der damaligen Zeit war es nicht ungewöhnlich, eine Gruppe von Menschen mit einem Leib zu vergleichen, doch das Neue Testament verleiht diesem Bild eine neue Tiefe. Bereits während ihres Lebens auf Erden müssen die Jünger – trotz der großen Verschiedenheit untereinander – eine tiefe Einheit gespürt haben, die aus ihrer Verbundenheit mit Jesus kam. Aber nach dessen Auferstehung von den Toten und dem Kommen des Heiligen Geistes erhielt diese Einheit eine neue Dimension: Die Glaubenden entdeckten, dass sie *in* Christus waren, und dass sie nun in gewisser Weise gemeinsam einen einzigen Organismus bildeten.

Alle, die an Christus glauben, gehören zueinander und bilden eine Einheit. Diese Wirklichkeit ist unseren Augen verborgen, solange wir die Kirche lediglich als eine Institution oder als ein Unternehmen betrachten, das bestimmte Dienstleistungen oder Erzeugnisse anbietet. Die Einheit der Glaubenden hängt ab von der Gegenwart des Heiligen Geistes zutiefst in jedem Einzelnen von uns.

Viele von uns fühlen sich alleingelassen oder glauben, im Leben keine Erfüllung zu finden: Wir haben den Eindruck, keinen Platz zu haben, an den wir wirklich hingehören. Die Folge ist, dass wir oft versuchen, uns über andere zu erheben und sie auf die eine oder andere Weise zu dominieren. Oder aber wir halten uns für unwürdig und kommen uns wertlos vor. In solchen Situationen kann es helfen, uns daran zu erinnern, dass wir in Christus einen Leib bilden. Wir brauchen nicht länger „über das hinauszustreben (oder uns geringer zu schätzen als das), was uns zukommt“, sondern wir sind frei, „besonnen“ zu urteilen, denn in einem lebendigen Organismus hat jeder Teil seine unverwechselbare Rolle. Wenn ein Körperteil sich die Rolle eines anderen anmaßen würde, käme der ganze Leib in Schwierigkeiten. Wenn Einzelne ihre Rolle nicht mehr ausüben, ist der gesamte Organismus beeinträchtigt. Wenn jeder seine Gaben voll zum Tragen bringt, profitieren alle davon.

Gott hat jedem Menschen eine einzigartige „Gnade“ zugeteilt, eine Rolle, die ihm im Leben des Leibes zukommt – durch seinen Verstand, sein Vertrauen, seine Ausdauer und durch sein Handeln in Übereinstimmung mit den anderen Gliedern des Leibes, der Kirche. Wir erfahren ein großes Glück darin, die eigene Rolle zu erfüllen; die Rolle, die uns zugeteilt ist, ist nicht die eines anderen.

Der Text nennt einige Beispiele: Es ist eine besondere Begabung, die Herzen zu berühren und wachzurütteln (was mit dem Ausdruck „prophetische Rede“ umschrieben ist); es gibt Weiheämter und festgelegte Aufgaben in der Kirche (wie zum Beispiel „zu lehren“ und „zu dienen“); und es gibt menschliche Gaben, die ohne formellen Auftrag ausgeübt werden, wie das „Trösten und Ermahnen“. In der Kirche Christi ist jeder aufgerufen, er selbst zu sein. Gott liebt diese Verschiedenheit und möchte, dass jeder seine besondere Gabe – auch die noch unentdeckten – einbringt, um das Ganze zu fördern.

- Habe ich schon einmal erfahren, was es heißt, „in Christus ein Leib zu sein“? Wie könnte ich diese Erfahrung vertiefen?
- Aus dieser Wirklichkeit zu leben, ist im Allgemeinen nur in einer Gemeinschaft möglich, die Teil der Ortskirche ist. Wo sehe ich eine solche Gemeinschaft, oder wo könnte sie sein?
- Welche Gaben habe ich, die ich Christus als Teil seines Leibes, der Kirche, zur Verfügung stellen könnte? Neige ich dazu, meine Gaben zu über- oder zu unterschätzen?
- Welche Gaben sehe ich in anderen Mitgliedern der Kirche? Wie kann ich diese noch mehr zum Tragen bringen?

## Ausdauer in der Solidarität

Römer 15,1–7

*Wir müssen als die Starken die Schwäche derer tragen, die schwach sind, und dürfen nicht für uns selbst leben. Jeder von uns soll dem Nächsten zu Gefallen leben, zum Guten und zur Auferbauung (der Gemeinde). Denn auch Christus hat nicht sich selbst zu Gefallen gelebt; vielmehr steht geschrieben: Die Schmähungen derer, die dich schmähen, sind auf mich gefallen. Denn alles, was einst geschrieben worden ist, ist zu unserer Belehrung geschrieben, damit wir durch Geduld und durch den Trost der Schriften Hoffnung haben. Der Gott der Geduld und des Trostes aber schenke euch, eines Sinnes untereinander zu sein, Christus Jesus gemäß, damit ihr Gott, den Vater unseres Herrn Jesus Christus, einmütig und mit einem Munde preist. Darum nehmt einander an, wie auch Christus uns angenommen hat, zur Ehre Gottes!* ■

Das christliche Leben, so wie Paulus es hier beschreibt, ist weder ein Weg persönlicher Selbstverwirklichung, auf dem es nur um unsere eigenen Bedürfnisse ginge, noch eine Ideologie, in der unsere Persönlichkeit in ein vorgegebenes Schema gepresst würde. Nachfolge Christi bedeutet vielmehr, in einer Gemeinschaft zu leben, in der jeder seine Persönlichkeit entfaltet, indem er die anderen ohne Vorurteile annimmt.

Manchmal entsteht eine solche Gemeinschaft wie von selbst: eine spontane Freude im gemeinsamen Leben als Jünger Christi, die wie ein Vorgeschmack vom Reich Gottes ist. An anderen Tagen dagegen müssen wir um diese Einheit kämpfen. Wenn wir meinen, dass die Haltung oder das Denken anderer mit dem Unseren nicht vereinbar ist, stehen wir in der Versuchung, uns entweder durchsetzen zu wollen oder uns auf eine kleine Gruppe Gleichgesinnter zurückzuziehen. Aber die Kirche Christi ist keine solche Gruppe, sondern eine Gemeinschaft sehr verschiedener Menschen, die zwar nicht automatisch gut miteinander auskommen, aber die dazu berufen sind, ein und demselben Herrn nachzufolgen.

Paulus fordert uns also auf, die Schwächen der anderen zu „tragen“ und „einander anzunehmen“. Wir sollen nicht uns selbst, sondern Christus an die erste Stelle setzen und denen das Leben schön machen („ihnen zu Gefallen leben“), die uns nicht sympathisch sind. Dies ist ein Zeichen dafür, dass wir tatsächlich Christus nachfolgen. Paulus ermutigt uns dazu, indem er darauf hinweist, dass auch Christus genau dies tat und dadurch eine Lehre erfüllte, die auf das Alte Testament zurückgeht. Das Wort „die Verhöhnungen derer, die dich verhöhnen, sind auf mich gefallen“, stammt aus Psalm 69.

Diese radikale Solidarität erfordert „Geduld“. Sie hat sehr viel mit Trost und Hoffnung zu tun, wie es danach im Schrifttext heißt. Heute sind viele Menschen einsam und leiden unter ihrer eigenen Untreue oder unter der von anderen. Es fällt ihnen schwer, hoffnungsvoll in die Zukunft zu blicken. Die Geduld, von der Paulus spricht, ist kein leichter Weg, aber sie möchte diese Wunden heilen. Damit können Schwierigkeiten im Zusammenleben mit anderen zum Ausgangspunkt für eine Einheit werden, die viel tiefer ist, als wenn wir alle die gleiche Meinung oder dieselben Vorlieben hätten. Sie geben uns die Gelegenheit, Gott vieles von dem anzuvertrauen, woran wir persönlich hängen. Indem wir uns Christus überlassen, „preisen wir Gott mit einem Munde“, wie Paulus sagt. Dies führt uns zu einer Freude, die dankbar macht und an der andere Menschen erfahren können, wie Gott wirklich ist.

→ Kenne ich jemanden, der die Schwächen seiner Mitchristen „trägt“. Was scheint dabei von Gott durch?
→ Wessen Schwächen bin ich aufgerufen zu „tragen“? Welche Bibelstelle macht mir dabei Mut?
→ Habe ich schon einmal erlebt, dass das „geduldige Ertragen“ eines anderen zur Freude führt?

## Gott hat das Schwache erwählt

1 Korinther 1,26–31

*Seht doch auf eure Berufung, Brüder und Schwestern! Da sind nicht viele Weise im irdischen Sinn, nicht viele Mächtige, nicht viele Vornehme, sondern das Törichte in der Welt hat Gott erwählt, um die Weisen zuschanden zu machen, und das Schwache in der Welt hat Gott erwählt, um das Starke zuschanden zu machen. Und das Niedrige in der Welt und das Verachtete hat Gott erwählt: das, was nichts ist, um das, was etwas ist, zu vernichten, damit kein Mensch sich rühmen kann vor Gott. Von ihm her seid ihr in Christus Jesus, den Gott für uns zur Weisheit gemacht hat, zur Gerechtigkeit, Heiligung und Erlösung. Wer sich also rühmen will, der rühme sich des Herrn; so heißt es schon in der Schrift.* ■

Die christliche Gemeinde in Korinth war in verschiedene Gruppen gespalten, von denen sich jede für die Beste hielt. In dieser Situation schreibt Paulus Worte, die für jeden Christen von Bedeutung sind. Er fordert die Glaubenden zunächst einmal auf, sich die Situation ihrer Gemeinde bewusst zu machen: „Seht auf eure Berufung ...!" – Die meisten unter ihnen hatten weder Rang noch Namen; es waren Menschen, die in der Gesellschaft keine Rolle spielten.

Dann zählt Paulus auf, wen Gott alles „erwählt“ hat, nämlich Menschen, die niemanden beeindrucken. Damit möchte er sagen, dass das, worauf es der Gesellschaft ankommt, für Gott nicht viel zählt. Gott hat das erwählt, was nach den üblichen Maßstäben eigentlich gar nicht existiert.

Doch diese von Gott vollzogene Umkehrung der Werte geht noch weiter: Gott gibt dem, was zuvor so gut wie nicht existierte, einen Platz. In den Augen Gottes haben die von der Gesellschaft Verachteten ihren Wert. Paulus schreibt: „Von (Gott) her seid ihr in Christus Jesus.“ Er ist der Einzige, auf den es ankommt, und durch ihn und in ihm zählt jeder Mensch.

Dies soll unseren Blick ändern: Wir können den von Gott Erwählten, auch wenn sie von anderen verachtet werden, nicht gleichgültig gegenüberstehen. Es kommt nicht auf die beeindruckenden Eigenschaften eines Menschen an, sondern einzig und allein darauf, was ein Mensch durch Gott in Christus ist.

Das gilt auch für uns selbst: Wir brauchen andere nicht zu beeindrucken, weder als Einzelne, noch als Gruppe, und auch nicht als Gemeinschaft oder Kirche. Entscheidend ist, dass wir durch Gott in Christus sind. Wir brauchen nicht besser zu sein oder unsere Schwächen zu überspielen. Christus ist unsere Stärke oder, um es mit den Worten von Paulus zu sagen: „Gott hat Christus für uns zur Weisheit gemacht, zur Gerechtigkeit, Heiligung und Erlösung.“

Die Worte des Paulus an die Korinther fordern auch uns zur Umkehr auf: Gott hat das Schwache erwählt, damit wir von unserem Bedürfnis nach Selbstbestätigung loskommen, das letztendlich immer trennt. So werden wir fähig, Einheit zu stiften, um dem anderen seinen Platz zu geben.

- Gibt es in meiner Umgebung oder meiner Gemeinde Menschen, auf die wir zugehen müssten? Welche Menschen sind das? Könnte ich mich selbst mehr in einer Gemeinde einbringen?
- Was schafft Spaltungen in meiner Gemeinde? Wie könnten diese überwunden werden?

## Legt den alten Menschen ab und lebt als Auferstandene!

Kolosser 3,1–12

*Seid ihr nun mit Christus auferweckt, so strebt nach dem, was oben ist, wo Christus zur Rechten Gottes sitzt! Richtet euren Sinn auf das, was oben ist, nicht auf das Irdische! Denn ihr seid gestorben und euer Leben ist mit Christus verborgen in Gott. Wenn Christus, unser Leben, offenbar wird, dann werdet auch ihr mit ihm offenbar werden in Herrlichkeit. Darum tötet, was irdisch an euch ist: Unzucht, Unreinheit, Leidenschaft, böse Begierde und die Habsucht, die Götzendienst ist! All das zieht den Zorn Gottes nach sich. Einst war auch euer Lebenswandel von solchen Dingen bestimmt, ihr habt darin gelebt. Jetzt aber sollt auch ihr das alles ablegen: Zorn, Wut, Bosheit, Lästerung und schmutzige Rede, die aus eurem Munde kommt. Belügt einander nicht; denn ihr habt den alten Menschen mit seinen Taten abgelegt und habt den neuen Menschen angezogen, der nach dem Bild seines Schöpfers erneuert wird, um ihn zu erkennen. Da gibt es dann nicht mehr Griechen und Juden, Beschnittene und Unbeschnittene, Barbaren, Skythen, Sklaven, Freie, sondern Christus ist alles und in allen. Bekleidet euch also, als Erwählte Gottes, Heilige und Geliebte, mit innigem Erbarmen, Güte, Demut, Milde, Geduld!* ■

Wie können wir als Menschen leben, die von den Toten auferstanden sind? In seinem Brief an die Kolosser gibt Paulus eine Antwort auf diese Frage. Im ersten Vers schreibt er: „Ihr seid mit Christus auferweckt, so ..." Aus dieser Tatsache ergibt sich für Paulus alles Weitere, so als ob er sagen wollte: *Weil* ihr auferstanden seid, sollt ihr auch demgemäß leben. Es gibt eine Lebenshaltung, die dem Tod näher ist als dem Leben, und wir können unser Leben in Einklang bringen mit dem Leben, es auf das Leben hin ausrichten. „Den alten Menschen ablegen" bedeutet, das hinter uns zu lassen, was keine Zukunft hat und nicht zum Leben führt. Der Mensch ist durch die Auferstehung zu einem neuen Menschen geworden; von ihm wird in allen Bereichen ein anderes Verhalten verlangt. Wir können nicht mehr so tun, als wären die anderen nur leblose Gegenstände.

Wir wissen nicht, ob es zur Zeit des Paulus bereits üblich war, dass sich der Täufling vor dem Hinabsteigen in das Taufbecken entkleidete und nach der Taufe ein neues Kleid bekam. Das Bild des Ablegens der Kleider, das Paulus verwendet, könnte allerdings direkt auf den Taufritus Bezug nehmen.

Der amerikanische Schriftsteller Wendell Berry nimmt mit dem Ausdruck „to practice resurrection" auf Paulus Bezug und fordert den Leser auf, die – wörtlich übersetzt – „Auferstehung auszuüben", so wie man einen Beruf, einen Sport oder eine Kunst ausübt oder betreibt. Was bedeutet es also, als Auferstandener zu leben? Im letzten Satz des Textes heißt es: „... bekleidet euch mit aufrichtigem Erbarmen, mit Güte, Demut, Milde, Geduld!" Diesen menschlichen Eigenschaften ist eines gemeinsam: Sie ermöglichen ein harmonisches Zusammenleben, ein Leben in Gemeinschaft. Dieser Gedanke kommt bei Paulus immer wieder vor: Das neue Leben zeigt sich darin, wie wir miteinander umgehen. Wir brauchen Geduld. Alle die von Paulus genannten menschlichen Eigenschaften sind Ausdruck der Liebe (vgl. 1 Korinther 13), auf die Paulus wenig später zu sprechen kommt. Dies geht jedoch nicht von allein, denn die Eigenschaften des „alten Menschen“ sind hartnäckig und eine Gefahr für das Leben der Gemeinschaft. Keine Angst zu haben vor den anderen, vor deren Stärken oder Schwächen, bedeutet, in die Auferstehung einzutreten. Aus der Auferstehung zu leben, heißt, keine Angst mehr zu haben, oder vielmehr, unsere Ängste jeden Tag vom überströmenden Leben Christi verwandeln zu lassen. Wir müssen also lernen, diesem Leben Christi „entsprechend“ zu leben. Im auferstandenen Christus hat jeder Mensch einen Platz, in Christus gibt es nichts, was Menschen voneinander trennt. „Christus ist alles und in allen“ und auf seinem Antlitz erscheint die ganze wunderbare Vielfalt, die Gott will.

- ➜ Auf welche Weise können wir – wie Paulus sagt – als Menschen leben, die bereits „mit Christus auferweckt sind“?
- ➜ Wie helfen uns die letzten Sätze des Textes besser zu verstehen, wie wir unser tägliches Leben als Auferstandene leben sollen?

## Jesus, Sohn und Bruder

Hebräer 5,7–10

*Christus hat in den Tagen seines irdischen Lebens mit lautem Schreien und unter Tränen Gebete und Bitten vor den gebracht, der ihn aus dem Tod retten konnte, und er ist erhört worden aufgrund seiner Gottesfurcht. Obwohl er der Sohn war, hat er durch das, was er gelitten hat, den Gehorsam gelernt; zur Vollendung gelangt, ist er für alle, die ihm gehorchen, der Urheber des ewigen Heils geworden und wurde von Gott angeredet als Hohepriester nach der Ordnung Melchisedeks.* ■

Wir stellen uns Jesus normalerweise nicht als jemanden vor, der ängstlich gewesen wäre oder sich viele Sorgen gemacht hätte. Er kannte den Sinn und das Ziel seines Lebens und sagt im Johannesevangelium: „Ich weiß, woher ich gekommen bin und wohin ich gehe." (Johannes 8,14) Oft hat er vielmehr andere von ihrer Angst und Sorge befreit. Seinen Jüngern und den Menschen, die zu ihm kamen, pflegte er zu sagen: „Fürchtet euch nicht!"

Nun heißt es im Hebräerbrief, Jesus habe „mit lautem Schreien und unter Tränen Gebete und Bitten vor den gebracht, der ihn aus dem Tod retten konnte". Soll das heißen, dass Jesus, der Sohn Gottes, der immer in Gemeinschaft mit dem Vater war, doch Angst hatte?

Hier sieht es so aus, als ob Jesus tatsächlich einen inneren Kampf bestehen musste, um den Plan, den Gott für ihn hatte, anzunehmen. Das nimmt Jesus nichts von seiner Größe; es bringt ihn uns sogar noch näher. Jesus ist Gottes Sohn, aber er ist auch Menschensohn.

Jesus hatte bereits vor Gethsemane und vor seiner Hinrichtung Angst. Im Lukasevangelium sagt er sein Leiden mit den Worten voraus: „Ich muss mit einer Taufe getauft werden und wie bin ich bedrängt, bis sie vollzogen ist." (Lukas 12,50) Und das Johannesevangelium berichtet davon, wie Jesus am Grab seines Freundes Lazarus „im Innersten erregt und erschüttert" war (Johannes 11,33). Dieser Kampf wird immer stärker, bis Jesus am Kreuz schließlich ausruft: „Mein Gott, mein Gott, warum hast du mich verlassen?" (Matthäus 27:46)

In Jesus ist das „Wort Fleisch geworden und hat unter uns gewohnt" (Johannes 1,14). Das ist es, was wir Christen das Geheimnis der Menschwerdung nennen. Der Hebräerbrief drückt es folgendermaßen aus: „Jesus musste in allem seinen Brüdern gleich sein ... Denn da er gelitten hat und selbst in Versuchung geführt wurde, kann er denen helfen, die in Versuchung geführt werden." (Hebräer 2,17–18) Das ist eine Botschaft der Hoffnung. Wer Angst und Not erlebt, ist nicht mehr allein, Gott ist in jedem Augenblick bei ihm.

In Jesus sehen wir, dass Sorgen und Nöte zum menschlichen Leben gehören. Heute wird oft behauptet, dass das Glück in einem Zustand sorgenfreien Wohlbefindens bestehe. Doch unser tatsächliches Leben sieht oft ganz anders aus – es ist schön, aber es ist auch kompliziert. Unser Leben anzunehmen, so wie es ist, und das zu akzeptieren, was wir weder verstehen noch ändern können, ist vielleicht der erste Schritt hin zur Verwandlung unseres Daseins.

Doch der Text spricht noch von etwas anderem, das wichtig und für unsere Ohren bisweilen schwer erträglich ist: vom Gehorsam. Gehorsam wird oft als Unterordnung oder Unterwerfung verstanden. Im Namen des „Gehorsams“ wurde viel Unrecht begangen. Wie können wir also von Gehorsam sprechen in einer Kultur, in der Gleichheit, Menschenrechte und die Treue zu sich selbst eine so große Rolle spielen? Zwingt Gott etwa Jesus seinen Willen auf? Muss sich Jesus dem Plan Gottes fügen, damit sein Gebet erhört wird?

Das Wort „Gehorsam“ kommt vom Lateinischen *obaudire*, was so viel bedeutet wie „gut zuhören“. In der Bibel ist das Zuhören ein wichtiges Element des Glaubens. Die jüdischen Gläubigen sprechen jeden Tag das Gebet: „Höre, Israel! Der Herr, unser Gott, der Herr ist einzig.“ (Deuteronomium 6,4)

Auch Jesus musste hinhören, um Gottes Plan für sein Leben zu erkennen. Zuhören setzt eine Offenheit des Geistes und des Herzens voraus. Es erfordert Verstehen und Nachdenken. Jesus hat Gottes Willen nicht blind erfüllt, sondern er hat nach und nach verstanden, was es heißt, Gottes Sohn zu sein und die Entscheidung zur Liebe in seinem Leben umzusetzen. Indem er sich für die Liebe entscheidet, sagt Jesus „Ja“ zu Gottes Plan. Aber er wird dadurch auch verletzlich. Wer sich entscheidet zu lieben, nimmt die Möglichkeit des Leidens auf sich. Seine Verwundbarkeit führt Jesus bis ans Kreuz. Dort ist er wirklich er selbst, nämlich der mitleidende und liebende Sohn Gottes.

Wir Christen sind aufgefordert, Jesus zu „gehorchen“ (Hebräer 5,9), das heißt, auf ihn zu hören. Auch wir müssen allmählich lernen, was es bedeutet, Kinder Gottes zu werden. Wir müssen als Personen reifen, um immer besser zu verstehen, was es heißt zu lieben, damit wir uns immer wieder frei für die Liebe entscheiden können.

Das Evangelium gibt keine abstrakte Antwort auf die Frage, warum wir leiden und warum Gott nicht in den Lauf der Dinge eingreift. Es schildert uns vielmehr das Leben eines Menschen – ganz Mensch und auch ganz Gottes Sohn – Gott in allem gehorsam und in voller Solidarität mit den Menschen. So, wie der Autor des Hebräerbriefs sagt: „Darum wollen wir (...) auf Jesus blicken, den Urheber und Vollender des Glaubens.“ (12,1f)

- Das Gebet eines Christen wurzelt im Gebet Jesu. Bietet mir der Text, so wie er das Gebet Jesu beschreibt, einen neuen Blick auf das Gebet?
- Manche Menschen sagen, dass wir ein Recht haben, glücklich zu sein. Was ist Glück? Was sagt das Evangelium über das Glück und über ein Leben in Fülle?
- Habe ich schon einmal eine leidvolle Situation erlebt, aus der etwas Positives entstanden ist?
- Was verstehe ich unter dem Wort „Gehorsam“?

## Eine Wolke von Zeugen

Hebräer 12,1–2

*Darum wollen auch wir, die wir eine solche Wolke von Zeugen um uns haben, alle Last und die Sünde abwerfen, die uns so leicht umstrickt. Lasst uns mit Ausdauer in dem Wettkampf laufen, der vor uns liegt, und dabei auf Jesus blicken, den Urheber und Vollender des Glaubens; er hat angesichts der vor ihm liegenden Freude das Kreuz auf sich genommen, ohne auf die Schande zu achten, und sich zur Rechten von Gottes Thron gesetzt.* ■

Die Gläubigen der frühen Kirche waren nicht sehr zahlreich, aber sie wussten sich von einer großen Schar von Zeugen des Glaubens aller Zeiten umgeben. Im Hebräerbrief (Kapitel 11) werden einige von ihnen genannt – Abel, Henoch, Noah und Abraham.

Es gibt nichts Persönlicheres als den Glauben. Aber folgen wir im Glauben nicht anderen? Glauben wir nicht auch deswegen, weil andere vor uns an Gott geglaubt haben? Vielleicht bin ich in einem entscheidenden Moment Glaubenden begegnet, deren Leben mir glaubwürdig erschien. Ich sah, dass auch sie mit Fragen und Schwierigkeiten kämpften, und dennoch an Gott glauben.

Argumente für und gegen den Glauben erinnern an die Teilchen und Antiteilchen in der Physik. Sie neutralisieren sich gegenseitig. Zu beinahe jedem Argument für Gott gibt es ein Gegenargument. Deshalb enden Diskussionen über die Existenz Gottes meist unentschieden.

Bei Menschen, die glauben, ist das anders. Die Existenz einer Person kann nicht wie ein Argument widerlegt werden. Allein schon das Leben eines Glaubenden stellt uns vor die Frage: „Wenn der Glaube an Gott diesen Menschen geprägt hat, kann er dann nicht auch meinem Leben Wahrhaftigkeit und Sinn verleihen?“

Die „große Wolke von Zeugen“, die uns umgibt, sind Menschen aller Zeiten, deren Leben vom Glauben an Gott geprägt war. Der Autor des Hebräerbriefs vergleicht sie mit Sportlern auf der Tribüne eines Stadions, die ihren Wettkampf bereits hinter sich haben und nun denen zuschauen, die noch laufen und kämpfen. Sie feuern sie an und jubeln mit ihnen. Auf die gleiche Weise unterstützen die Zeugen von einst unseren Glauben.

Aber so sehr uns diese Zeugen auch ermutigen, wir sind aufgerufen, nicht sie anzusehen, sondern „Jesus, den Urheber und Vollender des Glaubens“. Jesus selbst hat einen schwierigen Weg auf sich genommen, der ihn durch Leid und Erniedrigung führte. Er willigte ein, selbst nur ein einfacher Zeuge und nicht Richter zu sein, und hat vor Pilatus „das gute Bekenntnis abgelegt und ist als Zeuge dafür eingetreten“ (1 Timotheus 6,13).

→ Kenne ich – persönlich, aus Büchern oder aus Filmen – Menschen, deren Leben durch ihr Vertrauen auf Christus geprägt ist oder war? Spielen diese Menschen in meinem Leben eine Rolle?

→ Was bedeutet es für mich, dass ich nicht allein sondern inmitten einer „großen Wolke von Zeugen“ unterwegs bin? Wie helfen diese Zeugen mir? Wie können wir noch besser verstehen, dass uns Glaubenszeugen aller Zeiten tragen?

## Das Wort in die Tat umsetzen

Jakobus 1,19–27

*Wisset, meine geliebten Brüder und Schwestern: Jeder Mensch sei schnell zum Hören, langsam zum Reden, langsam zum Zorn; denn der Zorn eines Mannes schafft keine Gerechtigkeit vor Gott. Darum legt alles Schmutzige und die viele Bosheit ab und nehmt in Sanftmut das Wort an, das in euch eingepflanzt worden ist und die Macht hat, euch zu retten! Werdet aber Täter des Wortes und nicht nur Hörer, sonst betrügt ihr euch selbst! Wer nur Hörer des Wortes ist und nicht danach handelt, gleicht einem Menschen, der sein eigenes Gesicht im Spiegel betrachtet: Er betrachtet sich, geht weg und schon hat er vergessen, wie er aussah. Wer sich aber in das vollkommene Gesetz der Freiheit vertieft und an ihm festhält, wer es nicht nur hört und es wieder vergisst, sondern zum Täter des Werkes geworden ist, wird selig sein in seinem Tun. Wenn einer meint, er diene Gott, aber seine Zunge nicht im Zaum hält, sondern sein Herz betrügt, dessen Gottesdienst ist wertlos. Ein reiner und makelloser Gottesdienst ist es vor Gott, dem Vater: für Waisen und Witwen in ihrer Not zu sorgen und sich unbefleckt von der Welt zu bewahren.* ■

Unter den unzähligen Nachrichten, die ständig auf uns einstürzen, dringt die Stimme des Evangeliums kaum durch. Aus verschiedenen Gründen ist die Gute Nachricht Jesu Christi für einen großen Teil der Menschheit unverständlich geworden. Wie können wir also unseren Zeitgenossen helfen, Gottes Wort zu vernehmen?

Der Jakobusbrief war an die christlichen Gemeinden in der Diaspora außerhalb Palästinas adressiert. Dennoch hat er auch unserer multikulturellen, säkularisierten und globalisierten Welt etwas zu sagen. Er spricht davon, wie wichtig unser Tun, die tätige Nächstenliebe, ist. Wir müssen nicht nur auf das Wort hören, sondern auch danach handeln.

Jakobus ruft seine Leser auf, schnell bereit zu sein zuzuhören, aber zurückhaltend zu sein im Reden. Man kann nicht oft genug betonen, wie wichtig es ist zuzuhören, um Frieden zu schaffen und ihn zu bewahren. Diese Haltung ist besonders wichtig für Menschen, die Verantwortung tragen. Der Ausdruck „langsam zum Reden zu sein", wie es wörtlich heißt, erinnert an die Worte in Psalm 103: Gott ist „langmütig und reich an Güte". Natürlich kann es einen heiligen und gerechten Zorn geben; wir müssen die Ungerechtigkeit gegenüber den Schwachen der Gesellschaft und die Ausbeutung Unschuldiger verurteilen. Aber wenn wir missverstanden oder zu Unrecht beschuldigt werden, bringt uns Zorn nur selten weiter. Er verbessert weder unsere Beziehung zu den anderen noch schenkt er uns Frieden im Herzen. Eine Beziehung treu fortzuführen, anstatt sich zu ärgern, schafft eine Atmosphäre, in der das Wort Gottes wirken kann.

Das Wort ist bereits in uns „eingepflanzt", und es ist eine gute Nachricht: Christus liebt uns und hat sich selbst für uns Gott hingegeben (Epheser 5,2). Wir können in der Liebe leben, weil er uns zuerst geliebt hat. Dieses Wort des Lebens und der Wahrheit müssen wir wie einen wertvollen Schatz behandeln, denn es kann unser Leben retten. Doch es genügt nicht, das Wort nur zu betrachten und darüber nachzudenken, sondern wir müssen es auch in die Tat umsetzen. Im zweiten Kapitel des Jakobusbriefs (2,14–26) ist von der Beziehung zwischen Glaube und Tat die Rede. Jakobus sagt – im Gegensatz zu Paulus –, dass die Menschen nicht allein durch ihren Glauben, sondern auch durch ihre Taten Rechtfertigung erfahren. Dieser Satz hat seit der Reformation viele Auseinandersetzungen und Trennungen hervorgerufen, obwohl eigentlich gar kein unüberwindlicher Gegensatz besteht zwischen der Haltung des Jakobus und der des Paulus. Für Paulus hat Bedeutung „nur der Glaube, der durch die Liebe wirkt." (Galater 5,6)

Für Jakobus hat tätige Liebe unmittelbar etwas mit dem Lob Gottes, dem „Gottesdienst" zu tun. Solidarität mit den Armen ist nicht nur eine ethische Forderung, sondern ein Weg, auf dem wir dem Herrn begegnen, der sich selbst mit den Allerniedrigsten auf eine Stufe gestellt hat (vgl. Matthäus 25,40). Man kann das Tun nicht vom Gebet trennen, den Kampf nicht von der Kontemplation, und unsere Solidarität nicht von unserem inneren Leben. Der Glauben ist niemals eine Flucht vor der Wirklichkeit des Lebens. Für Jakobus muss sich der, welcher der weltlichen Gesinnung entkommen will, um die Armen kümmern und – wie er in seinem Brief schreibt – „für Waisen und Witwen in ihrer Not sorgen".

Wenn wir die Sprache des Glaubens in konkrete, tätige Nächstenliebe übersetzen, bekommt sie Kraft und einen neuen Sinn. Dann kann das Evangelium auch die Herzen derer berühren, die sich nicht der Kirche zugehörig fühlen.

→ Wie können auch wir schnell bereit sein zu hören, aber zurückhaltend sein im Reden? Wie gehe ich mit meinem Zorn um?
→ Wer sind die „Waisen und Witwen“ unserer Tage? Wo ist in unserer Umgebung und in der Welt unsere Solidarität gefordert?
→ „Ubi caritas Deus ibi est“ (Wo die Liebe und die Güte ist, dort ist Gott) – Wo habe ich dies schon einmal erlebt? Welche Menschen sind für mich ein Widerschein davon?

# Textstellen